A mia madre

Elizabeth Pope

NOTA ALL'EDIZIONE ITALIANA

Ho trovato questo libro per caso, ormai cinque anni fa, durante un viaggio in Australia. Da anni mi occupavo della comprensione e della guarigione di questioni femminili: problematiche emotive e familiari, comunicazione con il mondo esterno e maschile, relazione con la propria madre e con i figli, squilibri e sintomi del corpo fisico. La Natura del femminile è profonda e rotonda, non lineare, meravigliosamente priva delle limitazioni di logica e ragione, accogliente e nutriente, radicata a Terra e al tempo stesso capace di volare fino ai confini del cosmo e del sogno; nonostante tutto ciò le donne soffrono, soffrono nel corpo e soprattutto nella relazione con se stesse, nell'accettazione della propria natura, a volte così prorompente e altre così vulnerabile, e di tutte le sue potenzialità.
Le donne hanno imparato a dimenticare questa Natura, a rifiutarne la disponibilità e ad aprirsi al suo spazio creativo, a trasformare la propria mente in uno strumento produttivo e il proprio corpo in un veicolo instancabile ed efficiente, ignorandone le trasformazioni. Si sono adattate e impoverite.
Questo libro mi ha consentito una visione ancora più vasta della bellezza e complessità del Femminile in ogni suo aspetto: spirito, mente, emozioni e fisicità; mi ha incuriosita riguardo a me stessa, alle onde che prima sembravano travolgermi e che ora gioisco di poter cavalcare, a questo "segreto" che ogni donna conosce, che ha atteso e forse temuto, desiderando di saperne di più ma intuendo che l'argomento non era di facile gestione.
La chiarezza di Alexandra Pope mi ha conquistata da subito e, con grande entusiasmo, ho deciso di tradurre e far pubblicare il testo in Italia per tutte le donne con cui da anni lavoro sia nelle sedute private che nei seminari e, certamente, anche per tutte le altre. Non è stato

facile come avrei sperato: molti editori hanno trovato l'argomento imbarazzante e hanno avuto paura di proporlo al pubblico.
Quest'esperienza ha rappresentato per me un'ulteriore conferma del fatto che, pur essendo la cosa più fisiologica e naturale del mondo, le mestruazioni provocano ancora delle reazioni di vergogna, costituiscono un tabù, un argomento di cui non si può parlare. Io credo che proprio questo non dire e nascondere sia alla base di tante difficoltà e di sofferenze che le donne, anche molto giovani, vivono oggi. Per questo non mi sono scoraggiata ed ho insistito ancora, per tutti questi anni. Finalmente l'Editrice Aam Terra Nuova ha accolto l'idea e ora anche nel nostro paese c'è la possibilità di parlarne alla luce del sole, non solo a quella della luna.
"Mestruazioni" è una celebrazione del Femminile in tutte le sue manifestazioni, senza alcun elemento di contrasto o polemica con il Maschile e senza desideri di rivalsa. Non parte da una prospettiva ideologica e non alimenta rabbie o vittimismi. È femminile nel modo, oltre che nel contenuto.
Questo prezioso libro porta l'attenzione sul ciclo femminile in tutte le sue fasi, incoraggiando le donne di ogni età a sentire, comprendere ed utilizzare le diverse energie che spontaneamente si muovono in loro per riconoscere il proprio potere. Passo dopo passo le accompagna nell'esplorazione attraverso l'ascolto dei movimenti e delle trasformazioni corporee, che inevitabilmente portano con sé, altrettanti cambiamenti nell'umore, nel pensiero, nel livello energetico, nel desiderio di socialità e intimità, nei gusti alimentari, e nei ritmi del sonno e del sogno. La Natura ciclica femminile è una benedizione per le donne: una pagina dopo l'altra ci si allontana dalla vecchia idea del ciclo come inevitabile sofferenza o scocciatura e si comincia ad intravedere nel profondo di se stesse l'opportunità di attingere a questa risorsa preziosa. I doni che porta non sono solo la capacità di lasciare andare una parte di sé, ma soprattutto imparare a godere della potenza rigeneratrice che ogni mese ci stravolge per lasciarci poi nuove, pulite e pronte ad una nuova creatività.

Barbara Monti

NOTE DELL'AUTRICE

Non sono un medico; i suggerimenti e le informazioni che troverete in questo libro vanno intesi come linee guida e non sostituiscono la consulenza di uno specialista. Qualsiasi condizione patologica va affrontata con l'aiuto e sotto la supervisione di una figura medica, preferibilmente esperta di alimentazione e metodi di cura alternativi e naturali. L'autrice e l'editore non si assumono alcuna responsabilità per le conseguenze che il lettore potrebbe riportare qualora non ricorresse ad una consulenza medica qualificata.

RINGRAZIAMENTI

Questo libro è stato sostenuto da molte forze differenti, alcune evidenti e altre più nascoste. Ho sempre avuto la sensazione di galleggiare in un salvagente: ogni volta, che ce n'è stato bisogno, sono arrivati gli aiuti e le informazioni che occorrevano. Dentro di me sentivo di dover continuamente ringraziare qualche forza invisibile, la natura femminile in persona!

Voglio qui ricordare tutte le donne che negli anni hanno partecipato ai miei corsi, alle conferenze o alle terapie individuali, che, con le loro storie personali, mi hanno mostrato quanto sia importante per ogni donna divenire un'esperta del proprio corpo. Vi ringrazio per la disponibilità a condividere così liberamente l'aspetto più profondo del vostro essere!

Voglio anche ringraziare Lynne Clune per aver ospitato in casa sua il mio primo seminario e Jane Svensson per il sostegno costante al mio lavoro.

Grazie di cuore al mio caro amico Richard Penny, leale alleato durante la mia sofferenza, il cui coraggio emotivo mi ha sostenuta ed ispirata a guardare oltre le apparenze per trovare un significato più profondo ai miei incredibili sintomi. Mi ha anche aiutata con le sue preziose critiche ai miei primi scritti sulle mestruazioni, suggerimenti che forse al momento non avevo apprezzato fino in fondo!

La mia gratitudine va a Mariana Moonsun, la mia terapista, che fin dall'inizio mi ha spinta a scrivere, incoraggiando la mia voce creativa, la migliore medicina! Grazie anche a Jacqueline French, amante delle idee e delle conversazioni appassionate, grande fonte di informazioni, e splendida alleata nell'esplorazione del mondo non-consensuale.

Provo immensa gratitudine per la società formata con la mia editrice Patricia Hoyle, con la quale ho collaborato appena ho cominciato a lavorare al libro. Le sue parole positive e la capacità di estrarre l'oro dai miei primi scarabocchi mi hanno spinta a continuare. Anche Patricia sentiva che stavamo collaborando con qualcosa di più grande di noi, non riuscendo ad includere il nostro lavoro nella consueta modalità editoriale obiettivo-raggiungimento, ma proponendo piuttosto un ritmo di lavoro più lento e mai forzato. La Dea ci aveva in trappola! Patricia avrebbe potuto operare dei tagli radicali sul testo ma ha sempre preferito rispettare la mia voce; attraverso domande, attenzione ai dettagli e grazie al suo istinto personale mi ha aiutata a maturare e a far maturare il libro.

Sono molto grata ai miei amici e colleghi che mi hanno seguita negli anni aiutandomi direttamente o indirettamente. Alcune persone mi hanno fornito degli ottimi consigli sul testo: Julie Cunningham e Amrita Hobbs mi hanno chiarito le idee con la loro rigorosa valutazione. Julie ha ideato il termine *Wild Genie* (letteralmente *Genio Selvaggio*, con valenza femminile, n.d.t.) e mi ha spinta ad utilizzarlo come titolo, che consiglio ispirato! Insieme a Jan Fox sono riuscita ad approfondire il concetto di potere, natura femminile e vita dell'anima. Francesca Naish, naturopata ed autrice affermata, è stata infinitamente paziente e preziosa per le informazioni sulle ricette specifiche per la salute. La naturopata Karin Cutter e la sua assistente Katherine Mooney hanno risposto alle mie infinite domande con grande saggezza e serenità. Amy Scully, la mia assistente ai corsi, mi ha sostenuta con il suo grande entusiasmo e con preziose idee per questo lavoro. Jane Bennett, Felicity Oswell, Anthea Eleison, Penny Fenton e Shushan Movsessian mi hanno aiutata nel rendere più chiaro il testo anche integrandolo con informazioni importanti.

Sandy West è stata una silenziosa alleata sempre pronta ad offrirmi aiuto economico se ne avessi avuto bisogno; con questa consapevolezza ho potuto rilassarmi e concentrarmi tranquillamente solo sul lavoro di scrittura. Con Caroline Davis, Margaret Bailitis e Susan Dickson ho condiviso molti viaggi nel regno interiore, preziose idee per la terapia e ho sempre ricevuto sostegno nei momenti, a volte solitari, che hanno accompagnato la stesura di questo libro.

Sono in debito con Penelope Shuttle e Peter Redgrove, il cui studio pionieristico *The Wise Wound* che lessi a vent'anni mi fornì un'ancora di salvezza quando, undici anni dopo, apparvero i miei dolori mestruali. Sapevo che quel libro mi avrebbe rivelato le chiavi d'accesso al mio disagio. Anche il loro *Alchemy for Women: Personal Transformation Through Dreams and the Female Cycle* mi ha aiutata enormemente. Il lavoro di Lara Owen *Her Blood is Gold* e *Honouring Menstruation: A*

Time of Self-Renewal è stato decisivo per arrivare ad una comprensione profonda del senso della vita delle donne durante il mestruo.
Attraverso la sua amicizia ed i suoi scritti ho potuto cominciare ad apprezzare il corpo femminile e le prospettive che apriva per me. Il libro provocatorio e affascinante di Judy Grahn sulla cosmogonia legata alle mestruazioni *Blood, Bread and Roses: How Menstruation Created The World* mi ha dato una grande spinta nonché delle ottime idee sul significato e sulle relazioni fra tabù e potere.
Anche se non ho attinto direttamente dall'opera di Chris Knight *Blood Relations, Menstruation and the Origins of Culture*, essa ha costituito per me una solida base a cui appoggiarmi nello sviluppo delle mie considerazioni personali.
Ho trovato elettrizzanti le parole di Robert Sardello sulla vita dell'anima ed esse, insieme al lavoro di Nor Hall, mi hanno dato conferma sulla fondatezza della mia passione per la vera natura femminile aiutandomi ad espandere la mia comprensione del mondo mestruale. Sono in debito con la psicoterapia evolutiva o *Process Work* di Arnold Mindell, e con i miei insegnanti, Arnold e Amy Mindell, Max Schupbach e Julie Diamone che mi hanno permesso di approfondire la conoscenza dei miei sintomi e del loro collegamento con il mio ambiente di vita. L'ispirazione che ho tratto dal *Process Work* mi ha aiutata ad uscire dal buco nero di impotenza in cui mi trovavo, imprigionata nei miei problemi di salute e mi ha permesso di avvicinarmi all'idea di spazio liminale, alla comunicazione fra regno consensuale e non consensuale e alle trattative fra i due mondi che durante il ciclo ogni donna impara ad intrattenere. Ho imparato anche alcune tecniche efficaci per lavorare con gli stati alterati di coscienza.
Grazie a Joanne Arnold per l'idea iniziale riguardo alla copertina; sfortunatamente, per circostanze che non dipendevano da lei, non ha potuto portare a termine il progetto. Sono molto grata a Eri Jinaka per il suo improvviso intervento finale e la realizzazione del meraviglioso progetto finito.
Grazie a Suzanne Maxim per aver ideato il logo di copertina, e anche all'aiuto di Fran Diack, Jen Fox, Shushann Movsessian e Maree Lipschitz.
Grazie infinite a tutti quei terapeuti che mi hanno aiutata nel corso degli anni a ripristinare e mantenere la mia buona salute fino ad oggi – sapete chi siete! La vostra esperienza e pazienza mi sostengono tuttora nella comprensione profonda dei sintomi e del processo di guarigione.
Voglio ringraziare anche il mio corpo, perché è qui che questo libro ha

avuto inizio! Se non fossi stata spinta dalla vicissitudini della mia salute, non mi sarei mai avventurata nel mondo delle mestruazioni. Il mio corpo è stato un insegnante prezioso, ed io una studentessa piuttosto riluttante! Spero di aver onorato lo spirito che mi ha spinta e lo ringrazio perché amo il punto in cui mi trovo oggi.

Alexandra Pope

PARTE I

"Attraverso la nostra esperienza mestruale stiamo ricamando la nostra creatività. Donne potenti che creano se stesse e che creano il mondo".

Alexandra Pope

DONNE, MESTRUAZIONI E POTERE

Le mestruazioni sono piene di significati, anzi, quasi sovraccariche. In tutte le mie ricerche sulle mestruazioni e la salute mestruale un tema in particolare è emerso con prepotenza: il potere. Il potere è presente perfino nella parola mestruazione che, fin dalle culture più antiche, ha avuto anche il significato di "incomprensibile", "sovrannaturale", "sacro", "spirito", e "divinità" (Walker, 1983). In tedesco, francese e spagnolo il termine mestruazione significa anche "misura" o "regola" e si ricollega a regolare, regale, regalia e rex (re). Tutte parole che collegano le mestruazioni alla cerimonia, la regolarità, la legge, la leadership, la regalità e la misurazione (Grahn, 1993).
La parola inglese "blessing" (benedizione) ha origine dall'antico "bloedsen" che significa sanguinare. Nella Bretagna celtica, il vino rosso claret era la bevanda tradizionale dei re; era anche sinonimo di sangue, e letteralmente significava "illuminazione". Secondo la tradizione taoista cinese un uomo poteva divenire immortale (o quantomeno longevo) sorbendo il sangue mestruale, chiamato succo yin rosso, dalla "Porta Misteriosa" di una donna (Walker, 1983). Il significato e il potere delle mestruazioni, o come viene descritto dalla ricercatrice e scrittrice Barbara Walker, "lo spirito dell'autorità sovrana", risuona forte e chiaro in molte culture attraverso tutto il mondo.
Di quali segreti erano a conoscenza a quei tempi? Cosa c'è nelle mestruazioni che le rende così ricche di significato? Che importanza ha tutto questo per la donna del ventunesimo secolo? In che modo si relaziona alla sofferenza mestruale e alla spaccatura che troppe di noi stanno sperimentando? Come possiamo utilizzare questo potere?
Ho trovato tutto questo estremamente intrigante.
Nella guarigione del mio corpo ho assaporato un po' di questo potere

e mi è piaciuto! Ma ho anche imparato che tale potere non ci viene servito al momento del menarca su un piatto d'argento, ma lo dobbiamo coltivare interiormente. Solo poche di noi al giorno d'oggi possono apprezzare tanta potenza: è come se i disturbi e i dolori mestruali fossero un modo per rivelarci questo potere, un modo per iniziarci ad esso. Le nostre esperienze legate alle mestruazioni, che per alcune possono essere estreme, unificano il grembo, il cuore e la testa. Servono a ristrutturarci e a riscrivere non solo la nostra storia ma anche quella del mondo.

Gli anni delle mestruazioni ci offrono la possibilità di affinare il nostro potere. La menopausa è il giorno del diploma! La donna che attraversa la menopausa avendo compreso il potere dei suoi anni di mestruazioni diventa una persona degna di stima. Attraverso i cambiamenti a cui assiste nel suo stesso corpo, le viene offerto un modo per viaggiare sia nei mondi interiori sia in quelli esteriori. Ha acceso in Sé un fuoco che ora è vivace, selvaggio e duraturo, e che la può scaldare e potenziare, un potere che le permette di conoscere e amare se stessa e il mondo senza separazione, e di comportarsi di conseguenza.

Questo libro è adatto a te?

Mestruazioni presenta un approccio unico a questo tema andando oltre la biologia, al fine di riportare dignità e profondità di significato alla natura ciclica femminile. Questo potenziamento di Sé è il più efficace degli elisir. Non c'è erba, vitamina o medicina che possa uguagliare gli effetti della scoperta, da parte di una donna, della propria saggezza e forza. Sono queste le verità nascoste nella nostra esperienza mestruale, che comporti sofferenza oppure no.

Mestruazioni è un manuale di cura personale per tutte le donne in anni fertili che desiderano godersi la propria natura ciclica e vivere una vita lunga, sana e ricca – ed essere magnifiche fino alla fine! Se siete in menopausa oppure oltre, forse sarete curiose di guardare un po' indietro alle vostre sorelle mestruanti, e magari riflettere e recuperare quella conoscenza che può agevolare il vostro passaggio e farvi apprezzare maggiormente gli anni successivi alla menopausa.

Questo libro è adatto anche ai genitori che intendono passare alle proprie figlie un'esperienza positiva delle mestruazioni e a tutti gli uomini che desiderano gettare uno sguardo al mondo delle donne. Se sei un uomo e vivi con una donna che ha un'esperienza mestruale difficile, qui troverai molte informazioni utili che ti aiuteranno a comprenderla meglio.

Ho scritto *Mestruazioni* perché è proprio il libro di cui avrei avuto bisogno quando soffrivo io stessa di gravi problemi mestruali. Non volevo operarmi né prendere farmaci, e non intendevo nemmeno trascorrere il resto della mia vita sopportando quei dolori da incubo! Mi accorsi lentamente che nessun operatore sanitario, medici inclusi, aveva un'idea chiara di ciò che mi stava succedendo. La mia guarigione è sempre stata basata sulla mia capacità di ascoltare e rispondere al mio corpo e a me stessa, di prendermi cura di me. Se volevo davvero stare meglio dovevo assumermi la responsabilità della situazione, e fui incantata dallo scoprire quante cose potevo fare per me stessa. Oggi vivo senza dolore. Le mestruazioni per me si sono totalmente trasformate, ed io mi sono trasformata grazie ad esse. La mia speranza è che voi possiate vivere un'esperienza altrettanto arricchente.

Le idee che vi propongo non hanno un significato assoluto, non si tratta di una serie di regole inalterabili. Vi offro un modo diverso di pensare alle mestruazioni e al vostro benessere, in modo che possiate espandere il vostro livello di conoscenza. Vedrete che alcuni concetti vi calzeranno a pennello mentre altre volte vi scoprirete a ridere di quel che dico. Se sarà così, vi incoraggio a seguire la vostra intuizione: restate aperte alla saggezza del vostro essere.

Piuttosto che riferirmi a malattie specifiche, nel libro ho preferito concentrarmi su tematiche comuni che fanno emergere sintomi diversi, anche se a volte parlo di condizioni anche patologiche quali endometriosi, fibromi e sindrome premestruale.

Con questo scritto vi aiuterò a ricostruire la vostra esperienza mestruale attraverso l'immaginazione. Immaginare è utile, positivo e fortificante. Le donne che sono ai ferri corti con il proprio corpo mestruato, o che soffrono molto, possono trovare pace e piacere, e anche guarire, perfino in situazioni apparentemente irreversibili. Se riuscirete a cambiare il vostro modo di pensare ai dolori mestruali, essi, pur continuando a farvi soffrire, non avranno più lo stesso effetto debilitante. L'immaginazione permette al significato di svelarsi, alterando così la vostra esperienza del dolore: quello che un tempo era causa di una profonda perdita di potere, ora è vivo e addirittura potente, ma resta un potere difficile e recalcitrante!

È la vostra particolare esperienza delle mestruazioni che vi condurrà al significato. Se vi concedete la possibilità di seguire il dolore, l'angoscia o semplicemente la vostra esperienza con il ciclo, comincerete a trovare la via verso il potere. Non è un percorso sempre facile, specialmente quando l'esperienza mestruale distrugge la vita lavorativa, le relazioni e le amicizie. Forse i vostri sintomi vi fanno sentire sole e abbandonate. Non voglio negare queste realtà, ma fermarsi alla rabbia e al risentimento può far peggiorare la vostra sofferenza: vivrete il dolore e il dolore per il dolore!

Vi spingerò a divenire curiose, detective di voi stesse, a rivolgervi a fonti diverse per raccogliere informazioni, a fare domande finché la risposta non vi soddisfi e a rivolgervi altrove se al vostro medico non piace questo approccio. Ricordatevi sempre che siete voi che dovete vivere con il vostro corpo e nessun'altro. Quello che a voi sembra buono ad altri potrebbe non piacere. Date ascolto a quello che vi dicono, ma fidatevi sempre della vostra innata saggezza.

Vi aiuterò anche a fare le difficili. Questa è la mia parte preferita! Secondo il noto chirurgo americano dott. Bernie Siegel, è proprio il paziente "difficile" quello che guarisce. Il paziente cosiddetto problematico è anche quello che guarisce più in fretta, quello che sopravvive a malattie terminali, quello con il sistema immunitario più attivo (Siegel, 1988). La persona difficile è quella che non si accontenta degli status quo, quella che non è "carina" per forza, a scapito del proprio benessere. Queste persone catalizzano i cambiamenti nel mondo: sono difficili perché a volte affermano delle verità scomode. Cambiare la vostra alimentazione, prendere una posizione più decisa riguardo alle vostre esigènze e non essere sempre presenti per gli altri nel modo in cui siamo sempre state abituate, all'inizio vi potrà creare qualche problema, ma non significa che state sbagliando, è solo diverso. In questo libro vi incoraggio ad affinare l'arte dell'essere difficili, perché vi fa bene alla salute!

Quando intraprendete il vostro viaggio verso la guarigione, vi consiglio di darvi del Tempo. Andare piano va benissimo. Ho impiegato molti anni ad abituarmi a quest'idea. Oggi faccio automaticamente delle cose che fino a due o tre anni fa avrei trovato molto difficili. Ci siamo lasciate sedurre dall'imperativo del risultato immediato e abbiamo scordato il valore, la necessità e la bellezza del Tempo, che porta a cambiamenti efficaci e duraturi. La Natura e il nostro corpo hanno bisogno di Tempo. La fretta impedisce un'osservazione gentile e blocca l'intimità con noi stesse e con gli altri. Alcune delle indicazioni contenute in questo libro non si adatteranno facilmente alla vostra agenda frenetica. Di solito i nostri sintomi ci chiedono di rallentare o di fare qualcosa di diverso, e sarete sorprese di scoprire quanto è veloce la guarigione quando si adottano alcuni rimedi semplici e sensati.

Un accenno ai sintomi

Non sta scritto da nessuna parte che quando abbiamo le mestruazioni dobbiamo soffrire. La nostra sofferenza mestruale, che molto spesso viene considerata "normale", non solo non è normale, ma non costituisce nemmeno il nostro destino. Il ciclo mestruale è il rilevatore del livello di stress in una donna. Ogni volta che sperimentiamo dei sintomi d'angoscia, riceviamo il segnale della necessità di curarci di più della nostra salute generale e di rivedere il nostro posto nel mondo. Le malattie e i sintomi fisici sono segnali che ci conducono in nuovi territori: sottoterra, sopra la terra, nel mondo, in tanti luoghi. La malattia apre la via. È "l'irreprimibile immaginazione che si fa strada nella nostra adattata mediocrità" (Hillman e Ventura, 1992). La sofferenza mestruale è come il genio selvaggio e fastidioso che viene a scuotere questa "adattata mediocrità". L'immaginazione ne dissolve ogni traccia! Possiamo provare a comprimere il genio per rimetterlo nella lampada negando queste energie in noi, e dando ragione ad una società che dice che questi non sono altro che sintomi irrazionali e devono essere curati. Il genio continuerà a dibattersi e dimenarsi.

La parola guarigione può avere molti significati: riprendersi dopo una malattia, non avvertire più sintomi di disagio, essere più in pace con ciò che si è, sentire che la nostra vita ha un senso anche di fronte alla sofferenza, riappropriarsi del proprio potere personale. La guarigione richiede inevitabilmente l'esplorazione di diverse aree, da quella fisica a quella spirituale. Le difficoltà mestruali, così come qualunque altro problema di salute, sono collegate a molti fattori, come ad esempio: un'alimentazione povera, problemi di sovrappeso o sottopeso, difficoltà digestive e un sistema immunitario debole, squilibri ormonali, debolezze ereditarie e congenite, vita stressante, trauma psicologico, inquinamento ambientale, scarsa autostima, svalutazione culturale del femminile e sistemi energetici fuori equilibrio.

Tutti questi fattori sono collegati tra loro. Un'alimentazione povera deprime il sistema immunitario, proprio come lo stress. Anche gli ormoni possono perdere il loro equilibrio a causa dello stress, di un ambiente inquinato o di una cattiva nutrizione. Una scarsa autostima è compagna dello stress. Magari vi sentite a disagio con voi stesse perché non siete in salute oppure perché vivete o lavorate in un ambiente discriminante. Ogni elemento è fondamentale per la vostra guarigione, e cominciando a curare uno di questi ambiti, vi troverete ad essere condotte ad approfondire tutti gli altri.

Arnold Mindell, l'ideatore della psicoterapia orientata al processo, sostiene che la malattia non è un fenomeno isolato, un "problema" dell'individuo. Coloro che in prima linea soffrono, richiamano l'attenzione di tutti al pericolo e alla necessità di cambiamento: la loro maggiore sensibilità illumina il paesaggio della vita di ognuno. Porre l'onere della guarigione sul singolo individuo depriva tutti di informazioni vitali. Sebbene la sofferenza abbia un significato individuale e comporti una propria responsabilità, la malattia di ciascuno non va vissuta come un fallimento personale. Ognuno è parte del grande fiume della vita, le difficoltà personali sono il risultato della nostra epoca. Quanto accade nel mondo è responsabilità di tutti; nella vostra sofferenza si nasconde la voce del rinnovamento. Ogni passo positivo che intraprendiamo per noi stesse può diventare un dono utile a tutti.

Quando non portiamo a termine con successo la nostra guarigione, sia che ci serviamo della medicina convenzionale o degli approcci alternativi, possiamo avvertire una sorta di fallimento credendo che sia colpa nostra. Pensiamo, e forse così ci viene fatto credere, che se fossimo più in contatto con i nostri sentimenti, più unite, equilibrate, consapevoli, non saremmo malate. Questo nostro modo di pensare non è una buona medicina.

A volte anche gli operatori sanitari si sentono frustrati quando il loro trattamento sembra non essere efficace e possono lasciar intendere che nel paziente ci sia una parte di colpa. Anche se bisogna imparare ad affidarsi a chi ci segue, è anche importante non sentirsi sopraffatte. Un buon operatore avrà la saggezza di apprezzare e rispettare le complessità del percorso di ciascun individuo.

Curarsi (visite regolari dagli specialisti, rimedi erboristici, omeopatici, vitamine e minerali) può comportare un grande impegno finanziario che può diventare esorbitante. Anche mangiare bene costa caro, ma risparmiare sulla propria salute è una falsa economia soprattutto se spendete con facilità in altri settori. Vi incoraggio a fare del vostro meglio, considerate le spese per la salute un investimento; se godete di buona salute il resto fluirà, anche la vostra capacità di guadagnare di più.

Alcune cure consigliate in questo libro non sono state oggetto di ricerca scientifica, tuttavia ritengo che se io stessa avessi aspettato i risultati di questi studi, starei ancora con i miei dolori. A mio avviso anche l'efficacia di alcuni approcci ortodossi rimane poco chiara, ma tutti continuano ad usarli. Ci sono molti episodi di storia medica in cui si è ricorsi all'azione basandosi su evidenze non dimostrate. Per esempio, nel

1845 un giovane medico viennese, Ignace Semmelweiss, scoprì che lavarsi le mani prima di eseguire degli esami pelvici in donne in gravidanza preveniva la "febbre da culla", un'infezione che poteva risultare mortale. I superiori di Semmelweiss obiettarono che la sua osservazione era aneddotica, non scientifica e lo licenziarono. La sua ipotesi fu rifiutata dall'apparato medico per più di venticinque anni, ma oggi lavarsi le mani è una pratica basilare per il controllo delle infezioni (Crook, 1986).

I problemi mestruali generalmente non rappresentano una minaccia per la vita, anche se possono comprometterne la sua qualità. Le promesse di pronta guarigione della medicina allopatica possono essere invitanti e, per molte donne i farmaci e le operazioni chirurgiche sono davvero necessari, tuttavia la medicina ufficiale riconducendo ogni malattia ad un'unica causa, spesso considera tutti gli individui equivalenti, prescrivendo quindi le medesime cure. In realtà le esperienze legate a disturbi come l'endometriosi e i sintomi mestruali sono molte e varie.

Il medico può rappresentare una figura eroica, un valoroso cavaliere nella sua armatura scintillante che ci toglie dal pericolo e ci rende felici e contente per sempre. Magari fosse così! Le difficoltà arrivano subito dopo il tramonto: il giorno successivo e quello dopo, e quello dopo ancora. Dopo il "salvataggio" la vita vera continua. La chirurgia può asportare il fibroma offensivo, alleviare temporaneamente i sintomi dell'endometriosi, i farmaci contribuiscono a far cessare il dolore, a livellare gli alti e i bassi d'umore e tutto il resto. Spesso però sottoporre il proprio corpo ad approcci di cura aggressivi lascia un prezzo da pagare.

La chirurgia e i farmaci comportano rischi ed effetti collaterali, e a volte rappresentano una soluzione solo temporanea al problema. A voi resta lo stesso corpo. Svilupperà un altro fibroma? Comparirà nuovamente l'endometriosi? È possibile. I farmaci vengono spesso descritti come armi da guerra per la loro tossicità. Per il dottor Andrew Weill, medico di Harvard, questi trattamenti soppressivi possono rafforzare il processo della malattia anziché risolverlo (Weill, 1995). Comunque scegliere la chirurgia e la medicina allopatica, alla lunga non rappresenta un'alternativa alla cura di voi stesse. È bene ringraziare qualsiasi forma di cura, servirsene con giudizio e continuare a sostenere il corpo nella propria guarigione.

Gli antidolorifici o la pillola anticoncezionale possono esservi stati d'aiuto in passato e l'idea di farne a meno probabilmente vi terrorizza. Non consiglio di buttarli via, ma di utilizzarli solo in caso di emergenza e di

cominciare a seguire le indicazioni di questo libro. Prima di sospendere la prescrizione della pillola o di qualche farmaco per l'endometriosi, informatevi bene sulle possibili alternative e mettetele in pratica correttamente. Confrontatevi con il vostro medico per qualunque cambiamento intendiate intraprendere. Interrompete l'assunzione di farmaci quando vi sentite pronte e in accordo con lui, cambiate solo se trovate qualcosa che vi dà veramente sostegno.
Ho sempre avuto la percezione che le esperienze destabilizzanti, e in particolare i disturbi mestruali, sono lezioni di vita: le istruzioni della Dea in noi ci spingono in avanti, ci costringono all'unico sentiero che è nostro e solo nostro. La sfida di fronte a voi è quella di assaporare la bellezza e la forza del nostro personale cammino, e di osare rivelarlo al mondo. Mio desiderio è che questo libro vi aiuti a farlo.

DAL DOLORE AL POTERE:
LA STORIA DELLA MIA GUARIGIONE

Il dolore mi colpì appena prima del mio trentunesimo compleanno: fu insieme il regalo e la sfida che ricevetti dal mio corpo e segnò l'inizio del mio lungo viaggio di guarigione da problemi mestruali, stanchezza cronica e diverse allergie. Sebbene dolorosa, quest'esperienza trasformò la mia vita, mi ispirò una rinnovata passione e mi aprì ad un nuovo aspetto della mia professione.

Quando avevo vent'anni il mio unico disagio fisico era la stanchezza; soffrivo anche di allergie causate dall'inquinamento ambientale, ma mi abituai a conviverci a tal punto da non considerarle più un problema di salute. Ero dotata di una grande forza di volontà e per me non rappresentavano un ostacolo. Continuavo a spingermi oltre me stessa, finché nel gennaio 1984 il mio corpo pensò bene di farmi passare le pene (mestruali) dell'inferno e finalmente decisi di fermarmi e prestare attenzione!

Ogni mese il dolore continuava incessante: durava anche quattro giorni con varie intensità, il terzo e il quarto erano i peggiori. Non potevo far altro che fermarmi e ascoltare il mio corpo attraverso la sua sofferenza; a volte rimanevo a letto addirittura sei ore di fila. Con gli anni imparai a ridurre la durata del dolore ai soli primi due giorni, caratterizzati comunque da una sensazione generale di malumore, pesantezza e disagio. Il terzo e quarto giorno erano una storia a sé.

Il terzo giorno mi svegliavo sgombra da ogni pesantezza, ma poi alle 10:30 in punto (che precisione!) mi sentivo pervadere da un brivido e da un leggero calore, e capivo che stava cominciando un altro tipo di dolore. Ci metteva quasi due ore a salire, a ondate che aumentavano di intensità, finché alla fine sentivo che qualcosa voleva uscire da me, come durante il travaglio. Tra un'ondata e l'altra il dolore si calmava, ma gli spazi intermedi erano sempre più brevi e a volte arrivavo a vomi-

tare. Anche se non ho partorito, so da altre donne che hanno avuto figli e anche gravi problemi mestruali che questi ultimi possono essere altrettanto dolorosi, o anche peggiori.
Mi sentivo sbattuta da una parte all'altra come in mezzo al mare in tempesta e scaricata senza tante cerimonie sulla riva. Scelsi di non prendere antidolorifici, che in ogni caso non mi davano alcun sollievo. Si trattava di una forza immensa che non si sarebbe lasciata zittire da una semplice compressa. Gridavo e mi dondolavo perché così, almeno psicologicamente, riuscivo a stare meglio.
Dopo questo picco, il male si attenuava fino a cessare intorno alle 15:30, quando finalmente crollavo in un sonno come fossi drogata. Se non stavo attentissima all'alimentazione, il quarto giorno si ripeteva identico, ma alla fine sapevo che sarei stata tranquilla per un altro mese.
Nei giorni successivi ero esausta, ma allo stesso tempo quasi euforica, probabilmente a causa delle endorfine che il mio corpo aveva prodotto come antidolorifici naturali. Nonostante questa rinnovata energia, la mestruazione mi aveva stremata al punto che fino all'ovulazione successiva non riuscivo a recuperare la mia forza fisica.
Come molte altre donne, avevo ricevuto forte e chiaro il messaggio che il ciclo era qualcosa da ignorare il più possibile: "Continua a vivere la solita vita come se niente fosse!". Mostrare qualsiasi tipo di disagio o differenza durante "quei giorni" era segno di debolezza, addirittura un tradimento nei confronti del mondo femminile.
Ad ogni modo mi rivolsi al medico, il quale, sospettando un'endometriosi, mi prescrisse un'ecografia che non rivelò nulla. Il passo successivo sarebbe stata una laparoscopia, con annessa anestesia totale e piccola incisione addominale per permettere al dottore di vedere l'addome attraverso una minuscola telecamera. Non avevo voglia di sottopormi a un'operazione, per quanto piccola, per cui quando seppi che una diagnosi precisa della mia malattia non avrebbe di fatto cambiato la mia condizione né la cura, rifiutai. Il medico rispettò la mia decisione e mi consigliò un particolare massaggio alla pancia che stimola la peristalsi e aiuta ad andare di corpo: mi giovò moltissimo. Questo primo indizio mi fece intuire che i miei dolori mestruali erano legati all'apparato digerente.
Anni prima, quando vivevo in Giappone, avevo studiato lo *Shintaido*, una bellissima forma di movimento che aveva radici nelle arti marziali, ma si era poi sviluppata verso l'arte, il teatro, la danza e la musica. Fisicamente era assai faticoso, ma l'addestramento mi insegnò la disci-

plina e la forza di volontà necessarie per affrontare i problemi senza scappare, e a volte sperimentai perfino degli stati trascendenti ed estatici. Conobbi altre realtà e vissi dei momenti di profonda spiritualità.
In Giappone per un breve periodo presi la pillola a scopo contraccettivo, credevo che fosse una scelta positiva: la libertà sessuale della donna e tutto il resto. Per fortuna fui benedetta dalla presenza di un fidanzato giapponese molto sensibile, che non condivideva l'idea di manipolare il mio corpo in quel modo. Non che volesse mettermi incinta, semplicemente si preoccupava di me e del mio benessere, e fece la sua parte per evitare il concepimento. Ancora oggi gli sono molto grata per avermi insegnato che il mio corpo non sopportava allora, come non tollera adesso, i farmaci di sintesi. La mia esperienza giapponese mi aiutò ad uscire dalla medicina allopatica e ad allargare il mio punto di vista sulla cura del mio corpo. Non avrei mai raggiunto il benessere di cui godo oggi se fossi rimasta nei confini della medicina occidentale "ortodossa".
Cominciai con dei massaggi shiatsu e seguii una rigida dieta macrobiotica: per tre mesi ogni sintomo sparì, ma per me seguire così meticolosamente questo regime alimentare e allo stesso tempo vivere la vita di tutti i giorni era troppo faticoso. Dovevo mantenere il mio posto nel mondo: studiare, guadagnare, avere una vita sociale con tutte le sue difficoltà. Lo stress ha un grande impatto sulla salute: una dieta sana non avrebbe di certo risolto anche quello!
Così capii che i dolori mestruali sono inseriti nel quadro della salute generale e concentrarmi solo su quelli non sarebbe bastato. Ero costantemente stanca, digerivo male, soffrivo di allergie e spesso mi ritrovavo preda di tosse e raffreddore. Come spesso succede, il mio sistema immunitario non era in buone condizioni. Tentai una serie di cure alternative: medicina tradizionale cinese, agopuntura e rimedi erboristici mi fecero resuscitare. Imparai che nessun terapeuta ha tutte le risposte e che prendersi cura di se stessi è di vitale importanza. Non credo sarei mai guarita affidandomi solamente alle terapie.
Ero grata a tutte le persone che mi aiutavano, ma qualcosa mi mancava. Col tempo mi accorsi che l'immagine delle mestruazioni che mi veniva trasmessa non era positiva: per i medici come per gli esperti di medicina naturale restavano una scocciatura con cui è necessario imparare a convivere o, cosa ancora peggiore, trapelava l'idea che la mia sofferenza derivasse dal fatto che non ero in contatto con la mia natura femminile. Non potevo non sentirmi giudicata.
Il diffuso pregiudizio sul ciclo mestruale mi disturbava. Come potevo

star bene in quel clima? Decisi che mi serviva un alleato e mi rivolsi ad uno psicoterapeuta. Essendo psicoterapeuta anch'io, ho sempre lavorato per abbracciare la malattia, o il problema, con curiosità e grande rispetto, piuttosto che considerarlo un ostacolo da negare e rimuovere. In un approccio olistico, il sintomo è un segnale da ascoltare e a cui prestare attenzione, non un problema da eliminare senza esplorare la storia che c'è dietro. Il mio terapeuta mi aiutò a vedere le mie mestruazioni sotto questa luce.
Usammo l'immaginazione, esplorammo attraverso i sogni, la visualizzazione, la drammatizzazione, la poesia e la metafora. I miei movimenti mestruali si popolarono di persone e personaggi. La svolta avvenne durante una seduta che coincise con il premestruo, quando stavo per iniziare a sanguinare. Ormai ero diventata brava a prestare attenzione a me stessa e a curarmi durante il ciclo; come un monaco zen vivevo la mia solitudine con la concentrazione necessaria. Il terapeuta mi fissò dritto negli occhi e disse: "Sai tutto di questo monaco ormai, non hai difficoltà con l'arte della guarigione. Io però voglio sapere chi c'è al centro del tuo dolore".
Con il mestruo scivolai in un'altra dimensione, una sorta di delirio primordiale: il caos della mia sofferenza. Lì ruggii. Vissi l'abbandono da parte di una persona che aveva bevuto un bicchiere di troppo. La mia vita si chiarì, fu come se per un breve momento mi fosse dato di vedere chiaramente "dentro" le cose: un momento di accesso privilegiato, il sipario scostato, che si richiuse appena il dolore sparì.
Insieme al dolore percepii una grande forza, la forza di una donna anziana e potente che mi obbligava a capire chi ero e come mi stavo facendo del male. Il suo sguardo non lasciava via di fuga, io ero nuda. Era quel tipo di donna che nella società perbene viene emarginata perché non rispetta le norme sociali. La vita riverbera in lei come una forza estatica. La trovo bellissima e spaventosa al tempo stesso, e riesco a farla emergere solo a piccole dosi. Comprendere e riuscire a utilizzare la sua passione è il lavoro di una vita.
Una notte sognai una vecchia barbona che era salita su un autobus. I passeggeri indietreggiavano insofferenti al suo odore di strada e povertà. Lei restava impassibile a questo rifiuto e aveva sul volto un sorriso innocente e gioioso come quello di una bambina. Camminava lungo il corridoio soffiando sulla gente una nebbiolina bluastra, finché tutto non ne fu avvolto.
Proprio come questa donna, anch'io stavo riportando l'immaginazione dentro il mio corpo per ripristinare un importante mistero che, nono-

stante la sofferenza, mi rendeva più forte. Il corpo da nemico si trasformò in maestro e cominciai a sentire che tutta quest'esperienza di disagio era pervasa da un senso di dignità e portava in sé importanti insegnamenti. L'idea di ristabilire l'immaginazione oggi è alla base del mio lavoro di terapeuta ed educatrice.
Intrapresi questo percorso di cura anche se all'inizio mi sembrò non finire mai; continuai a prestare attenzione all'alimentazione, allo stile di vita e a sottopormi a diversi tipi di massaggi e trattamenti finché incontrai Zoee Crowley, una hawaiana esperta di *Orthobionomy*. Si tratta di un lavoro sul corpo molto profondo, che funziona con lo stesso principio dell'omeopatia: curare il simile con il simile. Attraverso la manipolazione si amplifica il sintomo che il corpo sta esprimendo fino a provocare un rilascio di tensione. Zoee trattò in modo specifico la mia zona pelvica, inclusa l'area intravaginale, per riequilibrare tessuti, muscoli e legamenti dell'utero. Mi era stato già diagnosticato un prolasso dell'utero e lei lo confermò.
Questa sessione avvenne il primo giorno di mestruazioni e due giorni dopo avrei dovuto imbarcarmi su un lunghissimo volo per Tokyo. Come mi era saltato in mente di viaggiare in quelle condizioni? Mi arrabbiai molto quando me ne resi conto, ma ormai era tardi per cambiare. Io che normalmente ero così precisa riguardo a quello che aveva a che fare con il mio ciclo, mi trovavo su un aereo a guardare ansiosamente l'orologio fortemente consapevole della puntualità delle mie mestruazioni. Ma stranamente non successe nulla. Continuò a non succedere nulla per tutto il viaggio verso Tokyo. E continuò a non succedere niente anche il terzo giorno di mestruazioni e per i successivi due mesi. Poi lentamente il dolore si fece avanti e dopo sei mesi ritornai da Zoee per un altro trattamento. Il beneficio durava per un po', ma poi ritornavo a soffrire. Un chiropratico mi diede dei plantari per i miei piedi piatti che, secondo lui, contribuivano a creare tensione nella zona pelvica. Li indossai e finalmente il lavoro di Zoee su di me fu duraturo. Ora ne faccio uso solo occasionalmente.
Mi informai anche sulle conseguenze dannose delle otturazioni dentali fatte con l'amalgama e mi decisi a rimuoverle dopo aver sognato che il mio dentista apriva una casa di accoglienza per animali selvatici bisognosi. Anch'io mi sentivo selvatica e bisognosa, e quindi cominciai il trattamento odontotecnico. Sognai anche che a causa dell'amalgama qualsiasi guarigione veniva imbrigliata in questi circuiti energetici e, una volta rimossa, la guarigione avrebbe potuto essere completa.
Il peggio era passato, mi rimase soltanto un senso di disagio e una

grande spossatezza alla fine del ciclo. Un compagno molto attento, che mi stava vicino e mi abbracciava quando gridavo e inveivo, mi aiutò infinitamente e la sua vicinanza mi salvò dal senso di isolamento che spesso accompagna la sofferenza fisica.
Nel mio percorso di guarigione ho imparato ad amare il ciclo. Per me è come un compagno segreto che apre e chiude delle porte, mi concede degli scorci su altre dimensioni, mi prende e porta via mentre per il resto del mondo sembra perfettamente normale! A volte mi ricorda i gabbiani che giocano con le correnti vicino a casa mia: anch'io mi accorgo delle correnti che cambiano e mi ci adeguo. Questi movimenti interiori mi insegnano ad apprezzare le sottigliezze, mi preparano alla complessità e mi ricordano continuamente che la vita è cambiamento. Quando perdo il contatto con la mia natura ciclica la vita diventa banale.
Ora, nella prima metà del ciclo mi sento come una ragazzina fresca innocente e aperta. In passato mi sentivo come un pulcino appena nato, tutto zampe, insicuro e traballante. Mi sono rafforzata, e questa creatura scoordinata è stata sostituita da una donna sicura di sé. Nella fase ovulatoria divento una donna competente, abile, a proprio agio nel mondo. È un buon momento, di positività ed autostima, eppure manca qualcosa. Se rimanessi sempre in quello stato sarei come un guscio vuoto, bello e funzionale ma pur sempre vuoto.
Quando entro pienamente nella seconda metà del ciclo trovo quello che cercavo: una complessità colma di potere e passione. Divento una donna completa, in grado di entrare in contatto sia con il lato oscuro che con quello luminoso della mia personalità. Strato dopo strato il mio essere si arricchisce, ma non so usare questo potere. Man mano che il mestruo si avvicina mi sento sopraffare da una forza, però la mia volontà è più forte. Riesco a portare a termine molte cose, sono in grado di affrontare compiti impegnativi e persone difficili, vado dritta al punto. Posso essere critica, pignola e puntigliosa, mi preoccupo meno degli altri e la candida ingenuità dell'ovulazione si trasforma in realismo duro e crudo.
Nei due o tre giorni che precedono l'arrivo del sangue entro in uno stato meditativo o di sogno, e tutto ciò che mi circonda diventa affascinante. Questa sensazione si acutizza nei primi due giorni di mestruazione, e se ho molto da fare e magari devo guidare a volte mi viene il mal di testa, a meno che non riesca ad andare piano per godermi quella sensazione di testa tra la nuvole. Sono anche molto più sensibile a qualcosa che non vedo e non riesco a definire: mi si muove la terra sotto i piedi, non mi sento solida, mi sembra di essere trasparente mi

osservo dall'esterno. Quando sono fuori con qualcuno, tendo ad estraniarmi e perdo interesse nella conversazione e nella sua compagnia. Vorrei tornare a casa ma non ho una buona scusa per farlo perché in realtà non ho nulla da fare, è solo che la mia psiche ha le sue esigenze, che la mente non sempre capisce. Ho imparato ad onorare queste richieste e puntualmente il sangue arriva. Per me le mestruazioni esigono solitudine.

Il mio ciclo non è sempre preciso e puntuale, dipende da che cosa succede nella mia vita. Alcuni mesi sono più intensi, altri frammentati, altri ancora tranquilli ed amorevoli. A volte il mondo cospira a mio sfavore e mi ritrovo una montagna di lavoro mentre sogno il mio morbido divano. In questi casi mi arrendo: lavoro ma mi concedo di rallentare e seguire il mio ritmo riflessivo. Quello che per me è evidente, è l'imprevedibilità e anche una certa contraddizione nel ciclo: mi piace la carica e la profondità del mondo premestruale, ma non ci rimarrei per sempre. Quello che mi arricchisce è proprio il continuo cambiamento, con tutte le esperienze che comporta.

Quando comincio a sanguinare mi sento sempre un po' su di giri, luminosa: ho la sensazione di entrare in chiesa o in una grotta, e mi sento come se mi fossi innamorata. È bellissimo. Ho voglia di mollare tutto e volare. Se posso, smetto di lavorare e nuoto in un mare di idee e sensazioni senza aggrapparmi a nessuna in particolare; il tempo rallenta e mi sento calamitare fino al centro della Terra dove vengo inondata da momenti di ispirazione. In quegli attimi è di vitale importanza che non subisca pressioni esterne, affinché possa attingere dalle profondità di questa esperienza. Se questo non succede, spesso mi sento incompleta, privata quasi derubata di qualcosa. La mia esperienza cambia e si evolve nel tempo, ogni mese l'iniziazione continua.

La sofferenza mi ha dato una grossa lezione di potere: il potere del Femminile. L'istinto, l'intuizione e il sogno sono stati essenziali nell'indicarmi la via verso la guarigione, ma il dolore mi ha insegnato ad avere fiducia nell'autorità del mio corpo. Ho capito che dovevo abbandonare la mia cella d'isolamento e diventare attiva nel sociale. Ho capito che i miei sintomi erano un risveglio, non un fallimento personale: mi parlavano della società in cui vivevo, spingendomi a sfidare pregiudizi ed abitudini limitanti.

Il dolore mi ha riportata all'essenza e mi ha resa onesta. Le qualità sviluppate attraverso la mia storia sono quelle che hanno meno valore in questa società amante dell'ordine, della logica, delle linee rette, dai tanti obiettivi da raggiungere, del duro lavoro e della produttività. Al

contrario io ho riscoperto il mito, il caos, i sogni, le spirali, il sentire e l'estasi.
La mia guarigione personale è divenuta pubblica: più ho studiato le mestruazioni nella mitologia, nell'etnografia, in sociologia e da una prospettiva medica, più mi sono convinta che le mestruazioni in sé non sono il nocciolo del problema. Anche le mie inquietudini erano, in parte, il frutto di una società che ha una visione limitata delle mestruazioni, una società a disagio con tutto ciò che è diverso, specialmente quando ha a che fare con le donne. Ho capito che se le donne potessero valorizzare la loro esperienza e seguire la propria natura mutevole, l'intera questione sarebbe diversa e, soprattutto, la sofferenza diminuirebbe.
Gli effetti dell'inquinamento ambientale sulla salute, la difficile reperibilità di cibo sano, aria e acqua pulite per me sono fattori importantissimi ed è chiaro che, nonostante l'esistenza di un sistema di sanità pubblica, la salute è ormai un privilegio di pochi.
Ogni mese mi meraviglio di come il mio disagio si sia ridotto; a questo punto del ciclo mi rimangono solo i piaceri. Ho impiegato anni per arrivare fino a qui, anni che mi sono parsi interminabili. Quindi, che soffriate oppure no, il mio augurio è che la mia esperienza mi consenta di insegnarvi a valorizzare il linguaggio del vostro corpo, il vostro meraviglioso e potentissimo corpo.

Il sogno e i sogni ad occhi aperti

I tempi del premestruo e del mestruo sono intesi per essere sovrappensiero, per smarrirsi nei meandri della mente e per sognare. Attraverso i sogni e un nuovo tipo di attenzione possiamo finalmente superare la logica e cavalcare l'onda della nostra psiche.
La razionalità forse ne risente, ma l'intelligenza viene rafforzata e si creano molte connessioni fra il pensiero e il sentire. L'uso della grammatica, ad esempio, non sarà al livello abituale, ma in cambio avrete nuove idee creative e forti intuizioni, vedrete i problemi da una prospettiva assolutamente nuova e vi verranno in mente ottime soluzioni a cui non avevate pensato. Combattere questa tendenza ad avere la testa fra le nuvole può provocare disorientamento, confusione e perfino l'emicrania, quindi cominciate a riconoscere le mestruazioni per quel calderone creativo che di fatto sono.
Sognare è guarire. I sogni forniscono un punto d'accesso all'inconscio. I nativi americani credono che il ciclo sia un ottimo momento per aspettare il "Grande Sogno", poiché i sogni sono più significativi. In uno stu-

dio sui sogni ricorrenti, la psicanalista Therese Benedek, con la collaborazione di un endocrinologo, riuscì a determinare con grande precisione la fase del ciclo in cui si trovavano le sue pazienti semplicemente analizzando il contenuto dei loro sogni (Shuttle and Redgrove, 1986).
Nel suo libro "The Biology of Dreaming", Ernest Hartmann paragona la Sindrome Pre Mestruale (SPM) alla mancanza di attività onirica; nei suoi studi ha riscontrato che i sintomi peggiorano quando la donna non dorme a sufficienza e migliorano con l'aumentare delle ore di sonno. Alcune donne dicono che durante le mestruazioni si sentono come dopo una notte in bianco; la cura della SPM potrebbe essere semplicemente una bella dormita!
Secondo Hartmann, verso la fase finale del ciclo, dal venticinquesimo al trentesimo giorno, la fase REM del sonno diventa più prolungata; egli sostiene che, se durante le mestruazioni questo maggiore periodo di sonno REM viene a mancare, la tensione durante il giorno si aggrava.
Un segno dell'avvicinarsi delle mestruazione può essere appunto la tendenza a fantasticare. Anche l'andamento dei sogni notturni vi fornirà delle indicazioni utili sull'ovulazione e la mestruazione: i segni del momento in cui ci troviamo non sono mai troppi, ed è meglio non rischiare di farsi cogliere impreparate. Assecondate la vostra naturale tendenza ad avere la testa fra le nuvole, rallentate e lasciate che la vostra curiosità allarghi la visione che avete del mondo. Il sogno in ogni sua forma allenta le barriere tra la vita interiore e il mondo esteriore, aprendoci a sorprendenti scoperte. Prendete nota dei vostri sogni durante tutto il ciclo, se avete poco tempo basterà qualche appunto per ricordavi le immagini salienti. Il fatto di annotarli vi aiuterà a ricordarli e, come ha riscontrato la dottoressa Benedek, imparate a individuare gli elementi che si ripetono ad ogni ciclo.
Se il vostro è un lavoro di responsabilità, in cui la pubblica sicurezza dipende dalla vostra concentrazione, è importante che vi rendiate conto della vostra tendenza a sognare ad occhi aperti. Il fatto stesso di riconoscerla allenterà la tensione. Se possibile, concedetevi degli intervalli di riposo, magari fate due passi e bevete sempre molta acqua durante la giornata. Se state molte ore davanti al computer o comunque nelle vicinanze di altre fonti di inquinamento elettromagnetico è possibile che il senso di confusione si amplifichi (vedi il capitolo "Noi e l'ambiente").
I sogni sono una guida meravigliosa, specialmente durante il ciclo. Stare con la testa fra le nuvole è una situazione ideale per rimuginare sui propri problemi e sulle possibili soluzioni. Così come si consiglia di

"dormirci sopra", io consiglio alle donne di "sanguinarci sopra"! Questo significa concedere a noi stesse lo spazio di un intero ciclo per arrivare ad una risoluzione. La combinazione dell'atto di sognare, prendere tempo e osservare la vita permette a qualcosa di potente di emergere spontaneamente da dentro. Non sarebbe meraviglioso se quando riferite al vostro dottore i sintomi di SPM, lui vi prescrivesse "più sonno, più sogno"? Rannicchiatevi quindi sotto le coperte e continuate a sognare!

UN MOMENTO DI POTERE

"Se gli uomini rifuggono il femminile possiamo sopravvivere, ma se le donne stesse trattano la propria femminilità come una malattia siamo veramente perdute".
Germane Greer

Che cosa hanno queste mestruazioni che dà così fastidio? Cosa succede ai nostri ormoni, di solito composti e ben educati, che li fa impazzire una volta al mese?
È risaputo che le mestruazioni disturbano, e spesso le donne mestruate vengono ridicolizzate e sono bersaglio di scherzi e allusioni. Se a stare male fossimo soltanto in due o tre, si potrebbe presumere la presenza di qualche terribile pecca personale; molte donne soffrono durante il ciclo e molte tacciono il proprio dolore. Alle donne è stato insegnato che la loro sofferenza è normale e che devono farsene una ragione. Pensate per un attimo a quali sono i messaggi che riceviamo, provate a parlare del ciclo con più di un paio di amiche, cercate delle storie che ne parlino come di un'esperienza positiva e di grande potere. D'accordo, sul tema si può leggere molto sia di medicina convenzionale che alternativa, ma si tratta di indicazioni intese sempre e comunque a salvarci dalla morsa del dolore, dalla sindrome premestruale e dal flusso abbondante. Le pubblicità televisive di assorbenti esterni ed interni suggeriscono di "sembrare normali", "fare finta di niente" e "non se ne accorgerà nessuno": vogliono che il genio[1] pericoloso resti confinato nella lampada!
Mi domando cosa ci sia di così orribile a far sapere che stiamo sanguinando. Nel suo meraviglioso libro *Blood, Bread and Roses: How Menstruation Created The World,* Judy Grahn descrive il mistero del

1.N.d.r.: si ricorda il titolo originale del libro "The Wild Genie", quel genio selvaggio manifestazione del Femminile.

sangue femminile: "il sangue mestruale è l'unico tipo di sangue non indotto da trauma. Tuttavia, nella cultura moderna si tratta del più nascosto, di quello di cui si parla meno e che non si vede quasi mai se non in privato, tra donne, che si rinchiudono in piccole stanzette per cambiare l'assorbente in tutta fretta e, in qualche caso con disgusto, avvolgono il cotone insanguinato in un pacchetto di carta perché non lo veda nessuno, storcono il naso all'odore mentre gettano via e ripuliscono ogni traccia. Il sangue è ovunque, eppure l'unico nome che non ha mai avuto è proprio sangue mestruale. Il sangue mestruale, proprio come l'acqua, non fa altro che scorrere" (Grahn, 1993).
Il nostro disagio collettivo riguardo al sangue mestruale ha origine parzialmente nell'insegnamento primario che abbiamo ricevuto: svalutare tutto ciò che è femminile. La nostra avversione per il sangue parla anche della paura di entrare nel profondo mondo della conoscenza femminile, che giace proprio nelle esperienze del corpo della donna. La nostra psiche avverte tale conoscenza, ma noi non vogliamo approfondirla perché ciò comporterebbe sfidare le basi su cui poggia la nostra vita: potrebbero "andar per aria baracca e burattini", sia per noi che per quelli che ci circondano. Così ogni mese il "genio malvagio" scappa dalla lampada e noi andiamo dai dottori nel disperato tentativo di rimetterlo al suo posto, possibilmente per sempre. Terapeuti di ogni tipo ci offrono innumerevoli soluzioni e noi seguiamo le istruzioni che ci vengono impartite obbedendo all'imperativo comune riguardo al corpo mestruante: tenerlo nascosto, a tutti i costi.
I farmaci che ci vengono proposti, tuttavia, come la pillola, gli antidolorifici e le medicine per l'endometriosi, sono una lama a doppio taglio: da un lato ci donano un po' di sollievo, dall'altro spesso provocano effetti collaterali molto pesanti; anziché farci guarire mascherano i sintomi.
Le terapie alternative come fitoterapia, omeopatia, agopuntura e chiropratica sono risultate ottime per molte donne. Se è vero che agiscono sugli squilibri fisici ed emotivi che danno luogo al sintomo, è altrettanto vero che sono focalizzati sulla patologia e non tengono conto dell'ambiente culturale e dell'anima della donna. Sebbene il dolore fisico venga sedato, manca un'indagine sulle origini della malattia legate all'ambiente in cui la donna vive e lavora. Anche questa omissione è parte della congiura contro il "genio cattivo".
C'è decisamente qualcosa che non va, e non credo sia giusto tacerlo. Non è una questione personale, siamo tutti complici nel voler costringere al silenzio questo spirito disturbatore. È arrivato il momento di diventare curiose del nostro corpo ostinato: qui c'è sotto qualcosa di grosso!

Riappropriarsi del Femminile

Sperimentare l'impotenza, l'esaurimento e l'incertezza è il modo migliore per comprendere i sentimenti opposti. Il potere femminile, la cui sorgente è nel corpo, attraverso il corpo parla: le mestruazioni sono la voce preziosa della consapevolezza femminile.

I nostri sintomi mestruali sono le porte d'accesso al potere. Il dolore, la vulnerabilità e la morbidezza sono strumenti di saggezza, e non è necessario soffrire per arrivarci. È un processo in corso, insito nel riserbo proprio delle mestruazioni e i sintomi non fanno altro che evidenziarlo. Nel crogiolo del nostro ciclo possiamo raccogliere la saggezza e il potere che derivano dagli alti e bassi del nostro corpo, senza manipolarlo né giudicarlo, ma abbandonandosi al grembo creatore di vita che ci permette di crearci e ricrearci ogni mese.

Nei giorni in cui abbassiamo la guardia, possiamo finalmente cogliere uno scorcio di un sapere antico: il potere femminile. Non è un'esperienza riconosciuta e generalmente la ignoriamo. Il Femminile è stato represso a lungo, sia dagli uomini che dalle donne, ma sono state le donne a farsi carico di una spropositata sofferenza dovuta alla mancanza di Lei, di questa voce intuitiva ed istintiva, la voce dell'anima, forte proprio perché relegata nell'angolo meno fertile della psiche.

Quando dico "Lei" penso alla Dea personificata nelle sue infinite forme, presente sia negli uomini che nelle donne, da tempo sacrificata a beneficio del Dio maschile; più che femmina o donna, è un aspetto dell'essere umano. Nello stesso modo, quando mi riferisco al Maschile, intendo un modo di essere e non il mondo degli uomini.

Il Femminile ha molti aspetti: mi accorgo della mia difficoltà a parlarne come se non avessi ancora la conoscenza necessaria. È giusto che mi ci avvicini per strade secondarie, che la guardi con la coda dell'occhio, che la senta prendersi gioco di me se provo ad essere troppo analitica? L'analisi non è la sua modalità, non è una cosa da studiare. Lei va vissuta.

Tradizionalmente l'uomo è considerato il creatore attivo e la donna colei che lo segue passivamente. Siamo giunti a ritenere che "attivo" sia sinonimo di potere e quindi bene, e che "passivo" sia sinonimo a impotente e quindi male. Questa visione ha portato ad un terribile malinteso, alla svalutazione e alla sfiducia verso il potere femminile, uniti ad un'inopportuna esaltazione del Maschile.

È sbagliato sminuire sia il Femminile che il Maschile. Nella Cina taoista il principio femminile veniva considerato "attivo e creativo", mentre quello maschile "passivo e immobile" (Walker, 1983). Il vero potere deriva

dalla capacità di muoversi in modo fluido fra i due mondi, Maschile e Femminile. È però necessario riconoscere la precisa natura che contraddistingue il Femminile prima di poter comprendere l'insieme.
La forza delle mestruazioni sta proprio in ciò per cui ci denigriamo maggiormente: la sensibilità, l'amplificazione dei sensi e del senso che diamo nel mondo. La nostra capacità di percepire attraverso tutti i sensi ci aiuta a raccogliere indizi su quello che ci circonda senza dover filtrare delle idee preconcette. Si tratta di una "conoscenza diretta delle cose nella loro unità percepita tramite l'unione dei sensi... La percezione è un atto cognitivo del corpo, un sapere che è al tempo stesso un sentire" (Sardello, 1995).
Questo è il Femminile all'opera: esserne in contatto ci rende libere di ricevere l'ignoto che ci viene incontro. Nel mondo scientifico, ad esempio, molte importanti scoperte nascono proprio da intuizioni e sogni (Femminile) che vengono poi sottoposti a mille controprove razionali (Maschile). La logica da sola non è in grado di aprirsi a tali illuminazioni.
Se dobbiamo ripristinare il potere femminile, è fondamentale riappropriarci del suo linguaggio. Dietro espressioni quali "lasciar andare", "lasciarsi andare", "non fare", "abbandonarsi", "essere toccati da", "venire guidati", "permettere", "essere ricettivi" giace la consapevolezza che c'è dell'altro oltre la nostra visione egocentrica del mondo. C'è il riconoscimento di una relazione e una percezione del mondo come risorsa. Noi siamo in relazione con tutto, co-creatori: creatori e creature al tempo stesso.
Una volta compresa questa bellissima verità possiamo sentirci parte di un organismo che vive e respira, che ci dà sostegno e ci informa. È meno faticoso e molto più divertente che dover fare sempre tutto da sole. Noi abbiamo i nostri sogni e i nostri progetti, ma dobbiamo anche collaborare con i piani ed i sogni del mondo, per creare un rapporto dinamico tra noi e l'Altro "che sia il crogiolo in cui si forgiano autonomia, creatività, compassione e saggezza". (Borysenko, 1996).
"Lasciare andare" e "rimanere aperti" richiede molto coraggio: è un processo creativo e quando riesco a farlo mi sento colma di potere e capacità di azione. Forse i taoisti intendevano questo quando parlavano dell'azione e della creatività femminili. Quando vivevo in Giappone, oltre allo *Shintaido* praticavo l'arte marziale *Bojitsu* in cui si utilizza un bastone lungo due metri. Ho imparato che la mossa più potente era proprio quella in cui apparivo più vulnerabile, quella che richiedeva apertura e fiducia. Così facendo, liberavo sia me stessa che il mio avversario.

Lasciar andare permette il rilascio dell'immaginazione, una fonte di vita. L'immaginazione è il carburante dell'attività fisica, il movimento senza immaginazione è fatica inutile. Se il Maschile non conosce il potere della sua controparte, il Femminile, l'espressione "lasciar andare" lo terrorizza, perché sente di perdere il controllo, e questo gli fa paura. David Tacey, professore di letteratura inglese ed australiana, sostiene che "le pozioni miracolose del femminile a prima vista sembrano veleno, e la sua completezza può apparire come una terribile frammentazione ad un ego che non abbia il coraggio di accettare la sua sfida"(Tacey, 1997). Se viviamo in un mondo unilaterale, l'altra parte viene ritenuta pericolosa o comunque meno importante.
L'immaginazione è la preghiera che offriamo al mondo.
L'immaginazione assomiglia ad una calamita che ci aiuta a trovare il modo di realizzare i nostri sogni. Se restiamo più focalizzati su quello che vogliamo invece che su come lo otterremo, lasciamo che il mondo scelga come offrircelo. Questa è co-creazione.
Mi pare di vedere il Maschile agitare la sua spada e gesticolare nella mia direzione. Mi riporta all'importanza del "fare": "Bella l'immaginazione, ma poi si conclude in qualcosa?". Beh, no, ecco perché ci serve anche il Maschile.
L'attività del principio maschile è una meravigliosa capacità, ma senza la comprensione femminile dell'interdipendenza di ogni forma di vita, Lui agisce in modi che risentono della mancanza dell'anima. La vita si trasforma in pura attività che, se non sostenuta da una profonda e ampia intelligenza, può portare alla distruzione. Il Femminile, senza il completamento del Maschile, è altrettanto in grado di distruggere. Nel mondo di oggi credo che il Maschile debba imparare un po' di rispetto per le qualità "nascoste" del Femminile.
Quando manca la comprensione del Femminile si è sempre in lotta contro il mondo, e la risposta viene considerata un ostacolo da superare piuttosto che una tensione necessaria all'evoluzione.
Scoprire il Femminile è entrare in un giardino segreto: rigoglioso, verdeggiante e selvaggio, puro nutrimento per l'anima; ne percepiamo la presenza più facilmente quando siamo giù, a disagio, incerte e disturbate, come durante il ciclo. Lei non è tutto questo, ma parla attraverso questi canali. Il malessere o l'incertezza permettono di ascoltare la sua voce. Intuizione, istinto ed estasi sono il suo vocabolario. Quando sentite un'attrazione irresistibile, volete smettere, vi ribellate contro qualcosa di apparentemente sensato, seguite la via meno battuta, desiderate il piacere e avete nostalgia della gioia, allora la state onorando.

Lei non può essere scoperta tramite il controllo, al contrario esige la perdita di controllo; è evasiva, a volte perversa e parla sempre il linguaggio del cuore. Se ci ostiniamo ad ascoltare soltanto la logica maschile, il potere della mente, la nostra comprensione del mondo sarà sempre a metà. La saggezza non cresce in un terreno che non è reso fertile dalla morbidezza del sentire. Eppure, tenace, Lei resiste, non ci abbandona anche quando noi la abbandoniamo; è la sua storia che troverete sempre nel cuore di questo libro.

L'elemento pericolo

In ogni storia, mito e tabù che riguardi le mestruazioni è presente l'elemento pericolo. Il pericolo implica "Attenzione, svegliati!".

Una donna della tribù degli Yurok, parlando dell'insegnamento tramandatole dalla sua nonna materna e dalle zie, concluse con questo ammonimento: è necessario sentire il proprio corpo esattamente com'è e prestare attenzione. C'è qualcosa che si muove in noi, e se non si rimane vigili non solo si perde l'occasione di scoprirlo, ma si può anche rimanere intrappolate! (Buckley, 1988)

Questa è la natura del tabù. La parola 'tabù' deriva dal polinesiano *Tapua*, che significa sia sacro che mestruazione. L'espressione assume anche la valenza di vietato, prezioso, meraviglioso, magico, terribile, spaventoso e legge immutabile (Grahn, 1993).

Le mestruazioni sono il territorio selvaggio delle donne. I Nativi americani considerano il mestruo come un momento di potere della donna, la via di un naturale accesso ad una realtà allargata. La loro pratica della *vision quest* (affrontare in solitudine una prova iniziatica nella natura) rappresenta per gli uomini un modo di entrare in uno spazio di potere, per acquisire conoscenza tramite la visione e la ricerca di una guida interiore. Questo rituale era fondamentale per il passaggio del ragazzo dalla pubertà alla maturità. Sebbene anche per la donna possa essere benefico trascorrere del tempo nella natura, non è ritenuto indispensabile sfidarsi in quel modo per accedere alla stessa importantissima esperienza. La donna attraversa un'iniziazione spontanea con il menarca; non deve far altro che stare ferma.

Un elemento cruciale nei rituali iniziatici dei giovani era quello di spezzare il proprio ego, di sperimentarne la morte per ritrovarsi nel vuoto; solo così avrebbero compreso di non essere autosufficienti e di aver bisogno degli altri per sopravvivere (Tacey, 1999). Era un modo per aprirsi al Femminile.

I rituali di pubertà per le fanciulle invece enfatizzavano l'educazione, la celebrazione ed il rafforzamento del carattere. Qualsiasi altra forma estrema aveva a che fare in particolare con la credenza nell'enorme potere delle mestruazioni, che doveva essere regolato tramite procedure severissime in modo che non fosse di disturbo alla comunità. "Le bambine non hanno bisogno dello stesso addestramento severo dei ragazzi, perché contengono già all'interno del proprio corpo e del ciclo stesso il processo dell'induzione". La transizione mestruale scuote l'ego: la sua morte mensile allenta i nostri confini e ci ricollega al mondo.

Sospetto che la perdita di controllo insita nel ciclo sia un elemento di rischio per la donna moderna: anziché restare buone nella loro scatolina, le nostre emozioni se ne vanno a zonzo alla più piccola provocazione, o magari anche senza di quella. Il nostro corpo ci tradisce con macchie, pancia gonfia e disturbi vari. Scommetto che quelle giornate di "oddio che capelli" o "non mi sta bene niente" accadono più spesso nelle vicinanze della data fatidica che nel resto del ciclo! Prima eravamo abbastanza contente e a nostro agio con il mondo, d'un tratto mettiamo in dubbio ogni virgola della nostra esistenza! Dovessimo davvero lasciare andare un po' di controllo? Se fosse giusto farsi qualche domanda in più? Magari in agguato dentro di noi c'è una qualità di vitale importanza per le donne, un qualcosa di buono che giudichiamo cattivo solo perché considerato socialmente inaccettabile. Forse gli sbalzi d'umore, i dolori e gli altri sintomi sono soltanto il risultato di una mancata comprensione della natura e dell'utilità del ciclo al di là della procreazione.

Quando sanguiniamo siamo scosse da un qualcosa più grande di noi; anziché opporci, la risposta giusta potrebbe essere quella di aprirci ad una trasformazione, dicendo: "Va bene, mi arrendo! Caro corpo, sono a tua disposizione, dove mi porti?". La presenza del disturbo ci apre un varco nel quale possiamo cadere, come Alice nel paese delle meraviglie che dalla tana del coniglio piomba in un'altra realtà. Questa realtà incute forse paura, ma non è detto che sia sbagliata.

Le mestruazioni devono disturbare. Il disturbo in un sistema è un punto di potenziale cambiamento ed evoluzione perché ci spinge a riflettere: un elemento essenziale, ad esempio, per una sana democrazia. È giusto dubitare un po', come è giusto che, ogni tanto, l'asse della nostra vita si sposti. La tensione ha un forte potenziale creativo, la nostra natura mutevole ci mantiene vivi e vitali. John Ralston Saul, scrittore e opinionista canadese, ci ricorda che: "Il giorno in cui raggiungeremo un equilibrio stabile, le persone meno fortunate intorno a noi trarranno due conclusioni: che siamo morti o che ci hanno diagnosticato una condizione di delusione cronica".

Non dico che le donne debbano sopportare ogni sofferenza rinunciando alle cure, convenzionali o alternative che siano, ma tali rimedi funzionano meglio se si concepisce lo spirito delle mestruazioni come una potenziale esperienza di potere.

Se provate dolore e non vi trovate alcuna via d'uscita è normale, perché spesso la sofferenza fisica copre tutte le altre sensazioni, ma se seguite le indicazioni di questo libro scoprirete che la vostra situazione difficile è proprio la porta di accesso al potere di cui parlo. Opporre resistenza alla sensazione di disturbo amplifica la sofferenza, dare valore alla nostra natura senza giudicarla sbagliata può ridurre al minimo lo stress e trasformarlo in qualcosa di utile.

Le mestruazioni si fanno più rischiose se la donna si rifiuta di prestare attenzione e di assumersi la responsabilità di se stessa in quel momento. Il cartello ci avvisa: "Attenzione, avvicinarsi con prudenza perché qui c'è del potere". Il potere è pericoloso solo se usato senza consapevolezza. Sfortunatamente il patriarcato ha medicalizzato tutti i nostri cartelli riscrivendoci: "Attenzione, non avvicinarsi, qui ci sono problemi di salute" oppure "Ignorate questo posto". Ignorarlo però ci fa soffrire.

Nella nostra società non abbiamo accesso a queste storie di potere, pericolo e magia; probabilmente ci sentiamo a disagio perché le mestruazioni sono un percorso unicamente femminile. Sebbene ultimamente, nel mondo post-industrializzato, le donne abbiano raggiunto un certo grado di autorità, manca ancora molto alla reale valorizzazione della totalità dell'esperienza femminile. Oggi le mestruazioni utilizzano un linguaggio così prorompente nei sintomi fisici (terribili dolori addominali, affaticamento estremo o un'eccessiva vulnerabilità) perché lo abbiamo depauperato dei potenti simboli magici che erano propri delle favole e del linguaggio. Al loro posto troviamo imbarazzo, una vasta industria di ormoni sintetici e un senso di sollievo alla fine dei giorni critici.

La verità è che nei giorni in cui sanguiniamo siamo veramente noi stesse, anche se ci sembra di esserlo di meno. Se è vero che non sempre siamo a nostro agio, è pur vero che le mestruazioni rappresentano l'iniziazione alla realtà del nostro essere, al potenziale del nostro potere.

UN'IMMENSA FORZA ELEMENTALE

Alle donne viene insegnato a rinnegare, disprezzare, non fidarsi e distaccarsi dalla meravigliosa forza che è insita nel loro corpo, perfino a trattarla come una temporanea follia di cui vergognarsi. In tempi più recenti si è tentato di superare questa concezione negativa trattando il ciclo mestruale come un processo puramente biologico, ma ciò non ha fatto altro che depauperarlo del suo significato più profondo: il potere di svelare le forze dell'anima, di accedere a stati alterati di coscienza e alla propria matrice psico-spirituale.

A mio avviso, proprio questo impoverimento del significato che attribuiamo alla nostra natura ciclica è causa di scarsa autostima, depressione, ansia, disturbi alimentari, mancata accettazione della nostra fisicità, dipendenze, conflitti nelle relazioni e naturalmente problemi mestruali e malesseri in menopausa. La negazione del Femminile priva le donne di una magnifica fonte di saggezza e creatività, di potenziamento e rigenerazione e quindi di un ottimo alleato per gestire al meglio la propria vita.

Oggi alle donne viene proposto un linguaggio di sviluppo personale e spirituale che è proprio del Maschile. Noi abbiamo dentro di noi il nostro maestro, una guida e perfino la "pratica" per la maturazione psico-spirituale, eppure la nostra ricerca è rivolta all'esterno. Continuando a svalutare i modi femminili si perpetra una violenza.

Vi è un'immensa forza elementale all'opera nel corpo femminile che è di natura intima e al tempo stesso universale: estatica, creativa, ristoratrice e piena d'amore. Entriamo in contatto con questa forza durante le mestruazioni, la gravidanza e il parto. La donna in menopausa, che ha già compreso e vissuto la forza del ciclo, incarna appieno questo potere che non si conquista con la fatica e non si guadagna con lo sforzo: se siamo disposte a corteggiare il nostro corpo ci viene concesso un

accesso privilegiato a qualcosa di Altro che avviene spontaneamente senza l'utilizzo di tecniche come la meditazione, la preghiera, lo yoga, il digiuno, le droghe, la capanna sudatoria e così via.
Il ciclo mestruale stesso è l'iniziazione a tale energia e ci fornisce una buona palestra per allenarci a raccogliere appieno la ricchezza del dono che è insito in noi. Il ciclo è una matrice per la crescita spirituale e psicologica, il contenitore alchemico in cui ci formiamo e individualizziamo. Le mestruazioni sono l'alchimia.
Le sfide del ciclo preparano la donna anche alla gravidanza, al parto e alla menopausa, tutti significativi momenti di consapevolezza. Il ciclo è il rilevatore di stress in una donna e una buona guida interiore.
Ascoltare e seguire il ciclo permette di fare della buona prevenzione e di sviluppare un sistema di intelligenza molto più efficace. Prestare attenzione al ciclo è rivitalizzante e crea un senso di intimità e tenerezza con se stesse che è già una guarigione di per sé.

Il corpo femminile: alla riscoperta del sacro

Il corpo è sacro e fonte di sacralità. La religione patriarcale ha negato in ogni modo possibile questa verità e i corpi delle donne oggi ne pagano il prezzo. È stato diffuso in passato, e in parte si trova ancora oggi, un profondo disprezzo per il corpo femminile che le donne hanno interiorizzato. Anche la vita spirituale risulta impoverita dal mancato riconoscimento della natura sensuale del nostro corpo. Il corpo è una porta d'accesso al Femminile Sacro, all'Estasi Sacra. Non possiamo provare estasi ignorando la nostra natura di carne ed ossa. La bellezza, l'amore, la tenerezza e la gioia sbocciano dalla vulnerabilità che tocchiamo quando entriamo in profondità nella vita corporea. Il ciclo spinge la donna ad abbracciare tale vulnerabilità.

Stress e riposo

Un po' di stress può dare la carica, ma quando è troppo il suo effetto diventa logorante. Se conducete uno stile di vita molto stressante basterà dare un'occhiata a questo libro per peggiorare la situazione! Ne avete già fin sopra i capelli di cose da fare, e ora vi ritrovate a dover cambiare alimentazione, fare esercizio fisico, prendervi del tempo per meditare sul senso della vita e... può sembrare un lusso, se avete a malapena il tempo di respirare!
Le idee proposte qui tuttavia non sono un lusso ma una necessità: se non vi prendete cura di voi stesse subito, col tempo la situazione peggiorerà. Ricordate che il ciclo mestruale rivela lo stress dell'organismo

in generale e che i sintomi richiamano la vostra attenzione al modo in cui vivete tutta la vostra vita, non solo nei pochi giorni al mese in cui sanguinate.

Ci sono molte ricerche scientifiche che dimostrano l'effetto dello stress sull'incidenza delle malattie e riconoscono la correlazione fra la mente e il corpo. In altre parole, sostengono che quello che pensiamo e le emozioni che proviamo influiscono attraverso il sistema immunitario sulla salute.

Per gestire lo stress può essere molto utile imparare qualche tecnica di rilassamento, ma l'elemento chiave è senz'altro il tempo. Quando si è sotto stress non si riesce, o si crede di non riuscire, a prendere del tempo per se stesse. Se la situazione è diventata insostenibile, deve essere cambiata: il rilassamento non sarà sufficiente. Lo stress insegna anche a prendere le proprie difese: è probabile che stiate dicendo troppi "sì" agli altri e non abbastanza "no". Essere autorevoli e cominciare ad affermare la propria volontà può spaventare, per questo se sentite di avere bisogno di sostegno vale la pena cercare un gruppo o un terapeuta.

Ogni donna vive il proprio stress individuale, ma su tutte pesa lo stress del sessismo. La discriminazione sessuale vuol dire dare più valore ad un sesso rispetto all'altro. Per molti secoli la donna ha occupato una posizione inferiore rispetto all'uomo. Se per certi versi ci sono stati dei progressi nell'eguaglianza dei diritti, per altri persistono ancora oggi diverse forme di ingiustizia. In particolare, nei posti di potere dominano i valori maschili: a prima vista può sembrare che non ci sia niente che non va, ma se in compagnia degli uomini vi sentite inadeguate, usate o umiliate può darsi che viviate o lavoriate in un ambiente discriminatorio.

Il sessismo logora l'autostima delle donne perché implica che la loro natura più profonda sia sbagliata. Perfino l'immagine mediatica di bellezza così limitata ad un'improbabile perfezione, è causa di grande stress. Le mestruazioni, non c'è bisogno di dirlo, di certo non sono argomento di conversazione.

Sentirsi sempre sotto pressione non è sano: è necessario trovare una via d'uscita o addirittura cambiare la situazione in sé. Se questo vi appare impossibile, ricordate che il vostro pensiero è potente: immaginate come vi piacerebbe che fosse, visualizzatevi mentre fate quello che volete voi durante il ciclo, apritevi a questa possibilità senza preoccuparvi dei dettagli della sua realizzazione. L'immaginazione è uno strumento efficace che, come una calamita, attira i mezzi per realizzare

quello che si desidera in molti modi ai quali non si era mai pensato. Provare per credere!
I giorni in cui si sanguina regalano la possibilità di esercitarsi a rinunciare a qualche impegno e a rivolgere l'attenzione a se stesse; sono un momento di rinnovamento per tutto il nostro essere. Lara Owen lo chiama il Sabbath delle donne (Owen, 1991). La pratica dello Sabbath trova la sua origine nell'antico Sabbatu babilonese che deriva da *Sabat*, il riposo del cuore: era un giorno di riposo che avveniva una volta al mese con la luna piena e durante il quale si celebrava il momento in cui la dea della luna, Ishtar, aveva le mestruazioni. Sia agli uomini che alle donne era proibito viaggiare, lavorare e mangiare cibi cotti. Questi lontani giorni di riposo, legati al sangue e alla luna, sono all'origine del Sabbath ebraico e della domenica cristiana. Adoro il commento di Tom Robbins a proposito: "Quindi vuol dire che al giorno d'oggi degli omoni grandi e grossi non vanno a lavorare alla domenica per via di una risposta archetipica alle mestruazioni!" (Robbins, 1980).
La parola Sabbath dona sacralità alle mestruazioni: il tempo è sacro. La diversità di quei giorni serve a riportare la nostra attenzione oltre il quotidiano (a volte non proprio gentilmente!). Le mestruazioni ristabiliscono il contatto con ciò che in noi è sacro e maestoso; è come entrare in un luogo consacrato come una cattedrale, una chiesa, un tempio, una moschea o un luogo speciale nella Natura. Al centro di questo momento sacro vi è l'atto di arrendersi e per assaporarlo appieno è necessario fermarsi e restare in ascolto.
Oggi giorno la lentezza non è considerata un valore a favore di efficienza, stimoli e produttività: un'eccitazione continua che rende la vita degna di essere vissuta. La velocità però stanca, smorza i sentimenti, impedisce la profondità nelle relazioni e non lascia la possibilità di gustare pienamente la vita. L'iperattività crea dipendenza e sfinisce sia il corpo che l'anima.
La lentezza invece rigenera, permette di usare i sensi e le emozioni, lascia lo spazio per riflettere e per l'essere, per rispondere anziché reagire. Scoprirete con sorpresa che non vi porterà ad essere meno efficienti, proprio perché sarete più centrate e consapevoli. Siate radicali: scegliete la lentezza! Ricordate che gli uomini ne hanno tanto bisogno quanto noi, è solo che come donne abbiamo un meccanismo mensile che ci ricorda di cambiare ritmo e rivolgerci all'interno per un po'. Non permettete a nessuno di considerarla una debolezza.
Il riposo non ha eguali: se le donne riuscissero a riposare di più durante il mestruo i loro problemi si dimezzerebbero dal giorno alla notte. Le

donne mi saltano sempre addosso quando dico così: spiegano che non è possibile e che non possono fermarsi perché altrimenti perderebbero terreno al lavoro, nei posti di potere o in famiglia. La vita del nostro utero è stata usata spesso come scusa per tenere le donne lontane dai posti di lavoro e da incarichi più o meno importanti. Lo ripeto: fermarsi, riposare e non fare sono necessari per tutti gli esseri umani.
Detto questo, nella seconda parte del libro, cominciamo a lavorare!

Comprendere il potere

Esistono tre tipi di potere: potere su qualcosa, potere con e potere da dentro. Il potere su è la capacità di manipolare e dar forma al mondo e all'ambiente, imporre la propria volontà; è maestria. Potere con, è la capacità di unirsi a ciò che è: collaborare, co-creare, toccare ed essere toccati, restare aperti all'ignoto e stare in ascolto; è mistero. Potere da dentro, parla dell'autorità interiore, la saggezza e l'intelligenza e tutta la vitalità generate. Sgorga dall'aver messo pace in se stessi e dal vivere quindi un senso di unione e totalità col tutto; è potenziamento. Attraverso il ciclo si coltivano tutti questi tipi di potere. Il potere stesso aumenta via via che si impara a mantenere e ad incanalare le forze elementali ed estatiche del proprio essere, a gestire la tensione tra le correnti di coscienza conflittuali e a cavalcare l'onda oscillando continuamente da una consapevolezza all'altra.

Qual è il potere del ciclo?

- Potere è la forza estatica che viene sprigionata con le mestruazioni.
- Potere è la saggezza che matura in noi tramite il ciclo mensile.
- Potere è l'esperienza di profonda unione che si vive nelle mestruazioni.
- Potere è imparare a conoscersi e ad amarsi.
- Potere è incarnare il Femminile profondo.
- Potere è intimità.
- Potere è restare consapevoli e prestare attenzione.
- Potere è lasciarsi andare.
- Potere è essere in grado di affermarsi.
- Potere è la capacità di essere responsabili della propria vita e puntare alle proprie mete.

Prestare attenzione

Il ciclo è un percorso profondo di consapevolezza quindi la prima cosa da fare è imparare a conoscerlo. L'attenzione al ciclo è continua: è già un potenziamento sapere in che momento vi trovate. Sentire l'ovulazione, avvertire lo spostamento verso la mestruazione, riconoscere i propri sogni e tutti gli altri segnali. Prendendo nota di ciò che vi succede con il passare dei giorni vi permette di costruire una profonda accettazione e una bella intimità con voi stesse. Senza questa intimità, che possiamo paragonare ad un contenitore, la forza femminile può diventare distruttiva, o finire per essere persa o sprecata e con essa un'importante opportunità di evoluzione psico-spirituale che, se non colta, può concretizzarsi addirittura in un grande problema.

I tredici alleati

Concedetevi una buona dose dei vostri 13 alleati quando vi avvicinate al ciclo (in ogni capitolo della seconda parte vi suggerirò in che modo farlo). Idealmente sarebbe perfetto poter chiudere bottega almeno per un giorno e riposarsi, senza dover badare a nessuno. Tuttavia, le esigenze del ventunesimo secolo raramente ci permettono un tale lusso; fortunatamente la nostra psiche si accontenta anche di poco. Se nei giorni del mestruo riuscite ad avvicinarvi alla vostra realtà interiore e alle sue necessità, farete già un buon passo avanti e creerete le basi per una nuova abitudine. Se non un giorno intero, magari ritagliatevi una serata tranquilla in cui non cucinate e lasciate che lo faccia il vostro compagno. Se siete una mamma super-impegnata potete farvi una bella tazza di tè, sdraiarvi sul divano e non muovere un dito per mezz'ora. Insomma, fate qualcosa di diverso; riuscirci anche una sola volta è già un cambiamento irrevocabile nell'ordine delle cose. Impegnatevi in qualcosa che sia di nutrimento a tutto il vostro essere, non solo una bella idea. Se non riuscite a riposare esattamente il primo giorno del ciclo e lo fate il secondo, il terzo o anche il giorno prima potreste riscontrare che un miglioramento si nota comunque. Siate creative, e soprattutto sentitevi in diritto di regalarvi del tempo solo per voi.

- **Silenzio** – prendetevi del tempo senza televisione, telefoni, computer, musica e quant'altro. Entrate in uno spazio silenzioso e lasciate che le mestruazioni vi chiamino.
- **Solitudine** – assicuratevi uno spazio veramente vuoto, tutto per voi, in cui non interagite con nessuno.
- **Immobilità** – gingillatevi, sdraiatevi, praticate il dolce far niente, fissate il muro, trovate il modo di fermare la mente e il corpo.
- **Lasciarsi andare** – rinunciate alle vostre agende impegnate, le ambizioni, gli obblighi e sperimentate una "morte" momentanea: non ci siete.

- **Semplicità** – riducete la vita al minimo indispensabile: cibo semplice, niente di speciale.
- **Lentezza** – seguite il vostro ritmo interiore e non quello imposto dall'esterno. Se vi sentite rallentate non pensate neanche per un minuto di essere stupide o incapaci. Al contrario, siete in contatto con voi stesse, e questo sì che è vero potere!
- **Morbidezza** – siate davvero gentili e generose con voi stesse. Niente regimi rigidi che, sebbene a volte risultino utili, in questi momenti non fanno altro che impedire quella sincera intimità che il sangue vi regala.
- **Cura di Sé** – se vi occupate di voi stesse non vuol dire che siete egoiste. L'interesse per sé è prezioso e si dimostrerà anche un buon investimento a lungo termine. Forse qualcuno si lamenterà nel vedervi così prese da voi stesse. Non vergognatevi mai di volervi bene.
- **Serenità** – vagabondate, scivolate, restate a debita distanza dalle cose anche se pare che debbano crollare da un momento all'altro. Custodite il vostro angolo di serenità distaccata dagli eventi esterni.
- **Santuario** – create un ambiente speciale o uno spazio sacro mettendo ordine nel vostro spazio fisico, anche solo in camera da letto. Spesso le donne avvertono un'irrefrenabile voglia di fare pulizie appena prima del ciclo, o almeno di preparare uno spazio adatto come ad esempio un altare. Se non in casa, potete trovare un posto immerso nella natura dove ritirarvi per onorare l'arrivo del sangue.
- **Sacro** – iniziate a considerare le mestruazioni un momento sacro e prestate particolare attenzione ai momenti di maggior tensione. Basterà questo per darvi sollievo e innescare una trasformazione. Si tratta proprio di ricevere una benedizione e credo che le benedizioni non siano mai troppe!
- **Sostegno** – per quei due o tre giorni procuratevi aiuto, mandate la donna bionica in libera uscita e delegate, delegate, delegate. Devo ripeterlo? Molti problemi mestruali spariranno già con questo rimedio e potranno emergere le qualità positive delle mestruazioni.
- **Sonno** – dormire è una potente pratica spirituale, la migliore per le donne stressate. Opera miracoli a tutti i livelli dell'essere! Il bisogno di sonno aumenta durante il ciclo, assecondandolo vi concedete più tempo anche per sognare e per rigenerarvi profondamente.

Trattenere la carica

Riuscire a trattenere le emozioni senza reprimerle né agirle all'esterno, ma semplicemente sentirne il peso, la forma e il modo in cui pungono, scaldano, urtano, rimescolano, esaltano, abbattono, immobilizzano, cantano e muovono, ciò richiede una certa disciplina in consapevolezza.
Naturalmente a volte sentiamo la necessità di parlare, piangere e gridare, e anche questo non sempre è male. Tuttavia, imparare a trattenere questa spinta selvaggia che vuole disturbare il nostro equilibrio apparente ci permette sia di maturare nello spirito sia di lasciarci toccare dall'ineffabile.
Quando il vostro essere si trova in questa modalità di consapevolezza e contenimento non accetta la soluzione più facile, si attiva e si trasforma, espandendo lo spazio che date alla vostra anima. Si scava per ampliare lo spazio interiore in cui accogliere il grande mistero. L'espansione del vostro spazio accresce la flessibilità con cui affrontate le vicissitudini della vita e il discernimento fra quello che volete esporre al pubblico e quanto volete invece trattenere per il vostro lavoro interiore. Come risultato sarete meno reattive e più strategiche, disponibili all'espressione perché vi concederete la libertà di accedere ad una maggiore creatività e a grandi abilità intuitive e di vedere in azione il vostro processo di crescita verso un percorso di saggezza.

Valorizzarsi

Ci vuole coraggio per ignorare l'agenda, fare un passo verso l'ignoto e lasciarsi andare. Inizialmente può apparire addirittura catastrofico, o perlomeno strano e scomodo, di certo ci si sente come se si nuotasse controcorrente e probabilmente è vero. Si comincia ad uscire dal normale, dal consueto e a non rispondere pienamente alle aspettative esterne; a volte il tentativo di restare in ascolto delle proprie esigenze sembra provocare dei guai, eppure questo stacco è importante. La tensione non è negativa, è la materia prima del processo creativo. Fin qui sembra un percorso piuttosto solitario, e in effetti credo sia molto importante mantenere una distanza dal mondo esterno. Non è però necessario sentirsi sole: per un poco sarete separate dalla vita di ogni giorno, ma entrerete in uno spazio colmo di possibilità, amore e contatto.

Un'esperienza unica

Non esiste un modo giusto di vivere il ciclo; quanto suggerito in questo libro può permettervi di intraprendere il vostro particolare viaggio. La vostra esperienza dipenderà da:

- **Il vostro carattere** – siete tutte così uniche; inevitabilmente ognuna darà una piega particolare al proprio lavoro. Lasciate che la vostra modalità vi spinga a cominciare.
- **La salute generale** – le condizioni del vostro sistema immunitario, dell'apparato digerente, del livello energetico e gli eventuali problemi cronici giocano un ruolo fondamentale in questa storia. Se il vostro organismo è debole o stanco, potreste trovarvi a vivere in modo amplificato le esperienze di cambiamento.
- **Le situazioni personali** – potranno inoltre avere un'influenza anche le caratteristiche dei vostri rapporti interpersonali, eventuali relazioni, condizioni familiari, lavorative, economiche e sociali e, naturalmente, l'inquinamento ambientale, l'esposizione a radiazioni, eccetera.
- **L'età** – in fasi della vita differenti le necessità e le tematiche predominanti possono essere molto diverse. Dopo il menarca il ciclo impiega del tempo a stabilizzarsi e torna ad essere instabile all'avvicinarsi della menopausa.
- **Autoconsapevolezza** – altri fattori determinanti sono il grado di consapevolezza raggiunto, l'autostima e la disponibilità a seguire e corteggiare il ritmo del vostro corpo.

Il principio del paradosso

Questo percorso è un paradosso. Com'è possibile che ciò che è stato creato debba essere sciolto affinché la creatività si possa rinnovare? Quanto è vero che la nostra capacità di dire "sì" agli altri è basata sulla speculare capacità di dir loro di no (e quindi sì a noi stesse)? Quanto per noi essere produttive dipende dal disporre di tempi apparentemente non-produttivi come il riposo e la riflessione? Ci affidiamo eccessivamente a ciò che è visibile, attivo e manifesto mentre dobbiamo imparare a fidarci degli aspetti invisibili, nascosti e divini della vita. Il ciclo incarna il processo continuo di inizio e fine, nascita e morte, l'eterno ritorno che mantiene tutto in vita. È di cruciale importanza riuscire a sviluppare un'immaginazione ironica: la capacità di deliziarsi dell'intelligenza contraddittoria, un'immaginazione che sopporta la tensione degli opposti senza bisogno di risolverla; queste sono le abilità di cui avrete maggiore bisogno navigando tra i misteri del Femminile profondo che giacciono sopiti nel vostro essere.

Poco sangue o tanto sangue

Non mi riferisco alla quantità di sangue che perdete con il mestruo, ma al fatto che alcuni mesi sono più intensi mentre altri passano un po' sottotono. Proprio come avviene nei sogni: alcuni sono significativi, ricchi di senso archetipico e memorabili, altri semplici e senza niente di speciale. Non so spiegare perché a volte le mestruazioni siano un evento cosmico e altre passino quasi inosservate, forse è una grazia che riceviamo, ma sono certa che lavorando consciamente con il ciclo le esperienze importanti aumentino. Vi suggerisco inoltre di notare come le fasi della luna influenzeranno l'intensità della vostra esperienza.

PARTE II

"Al menarca la donna entra nel proprio potere,
con le mestruazioni pratica il proprio potere,
in menopausa diventa il proprio potere".

detto dei Nativi Americani

IL VIAGGIO INIZIATICO DELLA DONNA: UN PERCORSO IN 13 TAPPE ALLA RICERCA DEL POTERE E DELLA SAGGEZZA FEMMINILI

Questo lavoro, incentrato sul quel processo unicamente femminile che è il ciclo mestruale, è una guida spirituale intelligente e creativa che offre principi fondamentali ed esercizi pratici con modalità femminili pensati per le donne. Un programma di auto-aiuto che vi accompagnerà nel vostro viaggio di scoperta, guarigione, amore, potere e saggezza, che vi porterà a incarnare appieno la consapevolezza della vostra ciclicità e il potere del Femminile. Un viaggio in cui l'individuo ed il mondo sono profondamente intrecciati.

Perché prestare attenzione al ciclo?

Il ciclo mestruale è, per le donne, come lo yoga o il tao, una matrice per l'evoluzione psicologica e spirituale, un magnifico sistema di intelligenza che ci guida e fa maturare. Il ciclo è la palestra in cui si impara a conoscere ed amare tale intelligenza, un ritmo che si ripete e che non si può controllare. È proprio il ciclo mestruale che crea la tensione necessaria perché possiate incarnare completamente questa forza.
Il ciclo è un modello organico di misurazione del tempo che non può essere controllato dal ritmo imposto dall'esterno. Rappresenta per la donna una guida di riferimento attraverso la quale viene iniziata a stati di coscienza più profondi che la spingono a coltivare la propria autorità e saggezza. Mese dopo mese nel periodo mestruale il corpo vi accompagna in qualcosa di sempre più grande e potente finché, nella menopausa, avrete un'idea della natura di questa trasformazione e sarete in grado di raccogliere i frutti delle sue sfide e della ricchezza che vi dona.
I talenti del ciclo sono innati; tuttavia, per imparare ad attingere pienamente a ciò che avete a disposizione, è necessario prestare molta attenzione al processo ed essere disposte a seguirlo.

Il ciclo mestruale:

- coltiva l'intelligenza emotiva e creativa;
- rafforza l'autorevolezza;
- rende possibile una profonda intimità con se stesse e gli altri;
- sviluppa una coscienza co-creativa;
- approfondisce il significato e lo scopo della propria vita;
- potenzia le abilità intuitive;
- risveglia il nostro senso di responsabilità verso tutto ciò che ci circonda spingendoci all'azione politica, sociale ed ambientale;
- ci insegna le dinamiche del processo creativo;
- ci educa nell'arte di capire l'energia e il tempismo;
- è un'iniziazione (come il menarca, la gravidanza, il parto e la menopausa);
- è una preparazione fondamentale alla gravidanza e al parto;
- è un sistema di guarigione naturale.

Le mestruazioni sono:

- uno stato alterato di coscienza;
- uno stato visionario spontaneo;
- la grazia del rinnovamento e dell'ispirazione;
- un momento di unione con il proprio Sé superiore e con il mondo.

La vostra ricerca personale

Questo percorso in 13 tappe vi porta a scoprire:

- come attingere al potere della vita e del corpo femminile;
- gli alleati che dentro di voi possono aiutarvi a manifestare i vostri ideali e una profonda autorevolezza;
- come spalancare le porte verso stati di estasi ed approfondire la naturale capacità intuitiva e divinatoria della donna;
- le diverse fasi del ciclo e i mezzi per sfruttarne le opportunità creative;
- momenti di ispirazione e saggezza;
- tempi di attività e sogno;
- come avere cura di Sé e, per chi soffre, come guarire;
- come prendersi la responsabilità della propria vita;
- 13 alleati indispensabili per ogni donna;
- la verità sulle mestruazioni;
- il potere femminile;
- come rafforzare il senso di appartenenza al mondo e come avere cura del pianeta.

Che cosa troverete

Questa parte del libro, suddivisa in tredici capitoli distinti da svolgere nell'arco di tredici cicli mestruali, vi darà il tempo di addentrarvi in profondità nella vostra natura ciclica. Ogni capitolo è un'esperienza completa di apprendimento, scoperta e iniziazione.

Primo mese: *Conoscere il ciclo*
Secondo mese: *Tracciare le quattro fasi del ciclo*
Terzo mese: *Introspezione, depressione e la fase premestruale*
Quarto mese: *Premestruo e potere*
Quinto mese: *Il critico interiore e la forza dell'amore*
Sesto mese: *Voglia di provocare*
Settimo mese: *La forza della vulnerabilità*
Ottavo mese: *Il limbo e la creatività*
Nono mese: *Intuizione, ispirazione e nuove soluzioni*
Decimo mese: *Intimità e relazioni*
Undicesimo mese: *Iniziazione, estasi e sciamanesimo*
Dodicesimo mese: *Tempo, tempismo e tempestività*
Tredicesimo mese: *Incarnare la saggezza*

Questo percorso è perfetto per coloro che sono negli anni delle mestruazioni e sono interessate a scoprire quanto il ciclo può essere di sostegno nelle questioni legate al potere, alla leadership, alla creatività, alla spiritualità, al benessere, alla psicoterapia, al cambiamento, all'attivismo, allo sciamanesimo e all'anima. Anche le più impegnate, ce la possono fare; è vero che ci vuole un po' di lavoro nella gestione del tempo, ma l'unico vero impegno richiesto è la disponibilità ad esplorare nuovi modi di pensare e a mettere in discussione vecchie abitudini. Non è una formula magica, ma basta poco per intravedere la luce alla fine del tunnel. Si farà proprio un nuovo tipo di energia, un modo di pensare ed agire che non si basa sull'uso della forza né costringe all'azione, ma piuttosto si lascia andare per permettere all'immensa forza che emerge dal profondo di guidare e motivare la vita e apportare una grazia infinita.

Quando il ciclo è irregolare

Vi consiglio di seguire il vostro ritmo personale, per quanto vi possa sembrare strano o sbagliato. Se la pausa tra un ciclo e l'altro è molto lunga, forse ci impiegherete più tempo a finire il percorso. Potete portarvi avanti con la lettura e trovare delle combinazioni che siano adatte a voi. Nel frattempo provate a mettere in pratica i diversi rimedi che consiglio alla fine del libro (esercizi yoga, bagni, tisane...).

Se prendete la pillola

L'assunzione della pillola anticoncezionale può rappresentare una difficoltà perché in realtà il ciclo è interrotto e il sanguinamento mensile non è una vera e propria mestruazione. Alcune donne sentono ugualmente i cambiamenti d'umore che caratterizzano la fase premestruale; posso solo dire che forse non si riesce a far tacere lo spirito del ciclo che continua a parlarci in ogni caso. La pillola provoca anche un appiattimento generale dei sentimenti e per godere appieno dei benefici del percorso proposto in questo libro l'ideale sarebbe interromperla. Se la usate per scopi contraccettivi provate a informarvi su qualche altra possibilità, se è per scopi medici rivolgetevi a qualche terapia alternativa.

Cibo e droghe

Troverete spesso dei suggerimenti sull'alimentazione che danno ottimi risultati sia riguardo al benessere generale che in modo specifico alla salute mestruale. Molti degli sbalzi d'umore tipici del ciclo possono attenuarsi grazie a qualche cambiamento nella vostra dieta e il tipo di nutrimento che scegliete per voi stesse è di fondamentale importanza. Se siete dipendenti da qualche sostanza illegale o legale come l'alcol, le sigarette, la caffeina, lo zucchero o altre droghe, esse avranno di certo degli effetti sull'andamento del vostro ciclo. Forse, per ironia del destino, siete già altamente sensibili, solo che non avete ancora imparato a gestire tanta vulnerabilità. Se ne fate uso sporadicamente vi consiglio di smettere per tutta la durata del percorso; le mestruazioni vi portano naturalmente in uno stato di espansione sensoriale, aggiungere delle sostanze potrebbe confondervi.

Se saltate un mese

Anche se siete armate delle migliori intenzioni a volte dovrete constatare che vi è passato un mese sotto il naso senza che ve ne siate accorte. Può succedere che non è un problema; ricominciate da dove avete interrotto. Magari potreste integrare il mese perduto con il precedente o trovare una soluzione adatta a voi, l'importante è non rinunciare. State imparando un modo di stare con voi stesse che durerà per sempre.

Strumenti necessari

- Un diario o quaderno nuovo da dedicare solamente a questo lavoro. Potete comprarlo oppure realizzarlo voi stesse.
- La mappa del Sogno Mestruale in appendice al libro. Fatene una copia al mese, ingrandita preferibilmente in formato A3.

Come si fa

- Quando parlo di mese, intendo il mese mestruale. Il primo giorno è il primo giorno di mestruazione (non le prime avvisaglie, il flusso vero e proprio); ogni capitolo dura un mese.
- Ogni esercizio è consecutivo a quello precedente: sarà come aggiungere uno strato sopra l'altro.
- Ogni capitolo affronta un argomento: ci sarà una parte introduttiva seguita da una parte pratica con domande ed esercizi per approfondire il tema. Le domande servono a stimolarvi e farvi pensare, non è necessario rispondere a tutte e potete anche inventarne di nuove. La parte pratica è sempre composta da due sezioni, alcune volte una più lunga dell'altra.
- Iniziate ogni capitolo all'inizio del ciclo e stabilite le vostre intenzioni per quel mese.
- Se il vostro ciclo è abbastanza regolare potete segnare sul diario i momenti chiave, cioè quelli più adatti per concentrarsi su particolari attività, ad esempio i momenti in cui siete più creative, piene di energia o vulnerabili in modo da prepararvi e farne il miglior uso possibile. Col tempo imparerete a sentirlo senza bisogno di consultare il calendario, anche se dare un'occhiata ai giorni e farsi un'idea della fase in cui vi trovate può sempre esservi di aiuto.
- Nel testo mi riferisco al mondo e al Mondo con la M maiuscola. Per mondo intendo quello materiale, la vita di ogni giorno, il mondo fisico, familiare, sociale, economico e politico. Per Mondo invece mi riferisco alle realtà spirituali, alla forza creativa, simbolo di potenza divina, il sacro che avvolge il mondano.
- La vostra esperienza mestruale e le sensazioni legate al ciclo sono molto influenzate da come avete vissuto la prima mestruazione. Per alcune può non essere stato bello, magari lo ricordate come un momento negativo o semplicemente spogliato di ogni valore. Fortunatamente non tutto è perduto. Attraverso il rituale che vi propongo nel prosieguo del libro potrete re-immaginare e ricominciare il vostro viaggio verso l'essere donna. Vi consiglio di attuarlo come parte del vostro percorso, se possibile insieme a qualcuno, altrimenti va benissimo anche da sole.

Prima di cominciare

Qualche suggerimento prima di mettervi all'opera:

- fate una lista annotando quegli aspetti della vostra vita in cui avete bisogno di chiarimenti, perché avvertite un senso di confusione,

ansia, incertezza, blocco;
- che cosa volete scoprire o raggiungere? (Pensate a progetti a breve e lunga scadenza, e al senso più profondo della vostra vita, sia spirituale che mondana);
- che cosa sperate di ottenere da questo viaggio?

Scrivete le risposte sul diario, lasciando dello spazio per aggiungere nuove idee e per chiarirvi sempre più man mano che andate avanti. Leggete le risposte a voce alta come se fosse una dichiarazione pubblica, in questo caso è l'Universo che vi ascolta!

"La mia intenzione è..."
"Le tematiche per cui ricerco chiarezza sono..." eccetera.

Ora rilassatevi, il primo mese è un inizio dolce, non sforzatevi troppo di definire obiettivi e mete. Tenete a mente e nel cuore i vostri intenti e cercate di uscire dalla modalità di dover fare qualcosa o trovare soluzioni. Se volete li potete disegnare o dipingere o dare forma in qualche modo creativo. Immaginate di non essere voi a cercare una guida o un'illuminazione, è la soluzione che sta cercando voi.

È arrivato il momento di cominciare il primo mese. Buon Viaggio!

1 – CONOSCERE IL CICLO

La natura ciclica

Che siamo donne o uomini, la ciclicità governa la nostra vita. Ci sono cicli vitali che durano un giorno intero (circadiani), alcuni più di un giorno (infradiani) e altri che avvengono più volte in un giorno (ultradiani). Il mancato rispetto di questi ritmi può essere causa di stress. Tutti coloro che hanno fatto i turni di notte sanno che alla lunga il corpo ne risente pesantemente, il fuso orario li costringe a capovolgere l'orologio biologico e l'insonnia è capace di rovinare tutta la giornata.
Provate a immaginare se il vostro medico vi dicesse di ignorare il vostro ritmo circadiano, di non dormire di notte e andare avanti fino a crollare. Un tale comportamento non creerebbe soltanto un problema di disordine nella società, ma sarebbe una pazzia per la salute! Questo è ciò che in pratica accade alle donne quando viene detto loro di ignorare il ritmo del ciclo mestruale.
Il dottor Ernest Rossi, un esperto nel campo della cronobiologia (lo studio dei tempi e della ciclicità degli eventi biologici) ha scoperto un ciclo ultradiano di 90-120 minuti durante il quale c'è un calo di 20 minuti nell'attenzione e nell'energia personale, un tempo in cui, se potessimo, tenderemmo ad avere la testa fra le nuvole. Durante il giorno viaggiamo tra questi cicli che i cronobiologi chiamano ciclo base di attività-riposo (BRAC). Sembra che ci sia un numero spropositato di sistemi mente-corpo che seguono questo ritmo di 90-120 minuti di attività seguiti da pause riflessive. Tutti i nostri sistemi di regolazione come il sistema nervoso, quello immunitario ed endocrino operano secondo il BRAC. Anche il cervello segue questo ritmo: ogni 90 minuti c'è una prevalenza dell'emisfero destro rispetto a quello sinistro. Recentemente i biologi molecolari hanno dimostrato che la cellula si divide, trascrive i geni e riproduce il proprio Dna secondo un ciclo di 90-120 minuti,

quindi questo ritmo regola il livello più profondo del nostro essere influenzando il nostro modo di pensare e agire.
È buona norma prendersi degli intervalli di 20 minuti nell'arco della giornata per mantenere il benessere generale e un funzionamento ottimale dell'organismo. Tali intervalli servono a rigenerarsi, incubare nuove idee e permettere una buona creatività dell'emisfero destro. Non sono una perdita di tempo ma delle ottime opportunità.
Ignorare i ritmi corporei può causare stress e un potenziale malessere. Secondo il dottor Rossi infatti, questo stress si sviluppa in quattro stadi, l'ultimo dei quali è rappresentato dalla malattia.
La prima tappa è caratterizzata dalla mancanza di concentrazione, sbadigli, sospiri, stiracchiarsi, procrastinare, cominciare a dimenticare le cose e sentirsi di cattivo umore o irritabili. Vi suona familiare, donne che soffrite di SPM? Il secondo stadio vede un alto livello di ormoni legati allo stress come l'adrenalina, che forniscono una grande spinta energetica. Se questa condizione diviene abituale possono insorgere delle dipendenze come la voglia sfrenata di consumi durante la SPM: i famigerati cibi proibiti! Al punto numero tre si comincia a tendere al conflitto, a prendere decisioni sbagliate, a fare errori di ortografia e a non ricordarsi le cose al momento ma in modo rallentato e si è sempre più impazienti. Rossi sta parlando proprio delle mestruazioni!
Quindi possiamo dedurre che anche il ciclo femminile segua un BRAC, in cui l'ovulazione è la parte attiva e il sanguinamento è la fase in cui si desidera rilassarsi e perdersi un po'. Magari le mestruazioni sono una finestra di opportunità in cui il corpo si rinnova e la psiche ha il tempo di elaborare buone idee che metterà poi in atto nella successiva fase di attività. Quale sistema mente-corpo segue questo ritmo mensile? Forse il fatto di non rendercene conto contribuisce a creare il dis-agio.
Remare contro il nostro ritmo interiore è dannoso per la salute. Ogni volta che scegliamo di reprimere o ignorare un aspetto di noi, dobbiamo capire che prima o poi esso reclamerà la nostra attenzione, spesso in modo non proprio piacevole. Se siamo a nostro agio con il cambiamento e riusciamo a seguire le sue esigenze, sperimenteremo meno tensione e sofferenza nel periodo precedente e durante le mestruazioni.

A cosa prestare attenzione

Durante questo mese comincerete a conoscere il vostro ciclo sviluppando la curiosità e quella quieta intimità che vi permetteranno di cogliere le tendenze, i punti di forza e le opportunità che il ciclo mestruale vi offre. Se vi sentite già in buoni rapporti con la vostra natura ciclica, le

indicazioni che seguono vi daranno l'opportunità di avvicinarvi ad essa con occhi nuovi, oppure semplicemente di approfondirne la conoscenza e l'esperienza.
Coltiverete l'abilità di permettere: ridurre l'azione e lasciare che il ciclo si riveli. Questo sarà l'obiettivo dei primi due mesi.
Essere in contatto con il ciclo contiene già di per sé la magia e svolge un'azione addolcente per la nostra vita. Inizialmente sarà difficile da notare ma, riuscendo a mantenere l'attenzione in modo costante, costruirete un santuario interiore che sarà il terreno dove coltivare la più seducente delle forze: l'amore, un rispetto così profondo per voi stesse che irradierà la sua luce tutt'intorno.
Questa è la pratica più importante di tutti i vostri anni mestruali: essere sempre presenti e accomodanti (a meno che, naturalmente, non soffriate di difficoltà mestruali). Questo lavoro espanderà ed approfondirà, inoltre, anche il vostro modo di vivere tutte le discipline spirituali che vorrete praticare.

Che cosa fare per prendersi cura di Sé

Considerate l'atto di consapevolezza e la mappa del ciclo come un'attività di cura per voi stesse. Nell'arco di questo mese focalizzatevi sull'alleato immobilità: concedetevi frequenti momenti di quiete, soprattutto con l'avvicinarsi e durante le mestruazioni.
Nei prossimi capitoli darò anche dei suggerimenti alimentari e altri consigli per la salute, ma per ora godetevi soltanto le gioie dell'osservazione.

-Osservare e raccogliere

Nel corso della giornata, mentre svolgete le attività quotidiane, mantenete una discreta attenzione interiore al senso del ciclo. Anche se potrete avvertire delle sensazioni, come il rilascio dell'ovulo, non limitatevi agli aspetti fisiologici, apritevi piuttosto ad immaginare e sentire.
Non si tratta tanto di concentrarsi mentalmente quanto di lanciare uno sguardo di traverso, un'occhiata che vi permetta di cogliere umori, sensazioni e stati d'animo. Immaginate di poter seguire i flussi ed i ritmi del corpo, non in modo continuativo ma a tratti, in diversi momenti della giornata.
Naturalmente vivrete anche alti e bassi che non sono legati al ciclo, e le situazioni in cui vi troverete o il momento globale che starete vivendo lo influenzeranno. Non preoccupatevi, l'importante è prestare attenzione, raccogliere sensazioni e restare morbide in ogni situazione.
Alla fine della giornata segnate le vostre osservazioni nel diario e sullo

schema del sogno mestruale.
Avete sperimentato qualcuna delle seguenti sensazioni?

- Sogni particolarmente intensi e/o tendenza a fantasticare;
- momenti di forte intuizione, sincronia e sensitività;
- emozioni accentuate o assenza di emozioni;
- sentimenti di connessione o mancanza di contatto – desiderio di intimità/solitudine;
- sentirsi bene o a disagio con se stesse – star bene o meno nella propria pelle;
- desiderio sessuale/mancanza di desiderio;
- reazioni verso l'esterno/reazioni degli altri verso di voi;
- sensazioni materne (nelle diverse sfumature di accettazione o rifiuto);
- pensieri riguardo alla vita, il lavoro, i rapporti interpersonali;
- capacità o incapacità di azione;
- gentilezza/durezza;
- esigenze e bisogni: emotivi, spirituali, relazionali, alimentari, sessuali, ambizioni...;
- cambiamenti fisici.

Riflessione finale

Che cosa hai imparato del tuo ciclo e di te stessa?
Come ti senti dentro dopo aver mantenuto l'attenzione interiore per tutto il mese? Che cosa hai notato in te e all'esterno?
In quale fase del ciclo ti senti più a tuo agio?
Quale fase del ciclo ti destabilizza o disturba maggiormente? In che modo ti piacerebbe prenderti cura di te in quel momento? Che cosa ti farebbe sentire meglio?
Prendine nota nel tuo diario ti sarà utile il prossimo mese in prossimità dei giorni difficili.
Se volete potete aggiungere sullo schema anche le fasi lunari. È possibile annotare inoltre i cambiamenti fisici come la temperatura basale e lo stato della mucosa a scopo contraccettivo o per il concepimento, ma non sono essenziali per il nostro lavoro.

2 – TRACCIARE LE QUATTRO FASI DEL CICLO

Muoversi tra i mondi

Durante il ciclo si rivela tutta la complessità della vita: il positivo e il negativo, la gioia e il dolore, la certezza e la totale perdita di significati.
Dal momento del menarca fino alla menopausa la donna, eccetto durante la gravidanza, viaggia tra due mondi: l'ovulazione e la mestruazione. Spesso si considera l'ovulazione lo scopo stesso di tutto il ciclo e la mestruazione una seccatura che bisogna sopportare per ritornare alla fertilità. Alle donne che non desiderano figli o sono contente di quelli che hanno già avuto, a volte si consiglia un'isterectomia. Ritengo che questa visione parziale del ciclo sia l'inizio del problema.
Come donne è importantissimo comprendere la totalità del processo; la nostra capacità di avere figli è soltanto una parte. Di fatto siamo in continuo movimento tra due mondi, ognuno con le proprie regole fisiche, psicologiche e spirituali. La chiave d'accesso a ciascun mondo sta nell'esperienza individuale.
All'inizio del mio corso sulla salute mestruale chiedo alle partecipanti di descrivere con degli aggettivi come si sentono in entrambe le fasi del ciclo. Ecco alcune delle parole più ricorrenti per la fase ovulatoria: *sociale, sensuale, sicura, decisa, normale, potente, gioiosa, aggraziata, entusiasta, sexy, passiva, efficiente, produttiva, intelligente, altruista, armoniosa, affidabile, equilibrata, responsabile, compassionevole, felice, energica, chiara, forte, concentrata, in salute, logica.*
Per la maggioranza delle donne questo è il periodo "buono" perché avvertono un senso di ordine ed equilibrio nelle loro vite. Ci si sente piene di energia, efficienti e a proprio agio con gli altri.
A livello archetipico nell'ovulazione la donna incarna il ruolo della Madre, i seni gonfi di latte per nutrire il mondo intero, la donna pacificatrice. Si sente focalizzata, senza l'interferenza di scomode emozio-

ni, il pensiero è chiaro e logico, si è in grado di fare, produrre e tenere sotto controllo ciò che ci riguarda, tutte qualità a cui si dà molta importanza e che di solito vengono attribuite al Maschile. Durante l'ovulazione la donna emerge dalle acque, è attiva nel mondo e diretta verso la meta.

La fase premestruale invece disturba e minaccia: il sole sparisce dietro le nuvole e, quel che è peggio, la terra ci trema sotto i piedi. Queste sono le espressioni che le donne usano per descriverla: *sola, gonfia, grassa (omino Michelin), impotente, fuori, schiacciata, senza controllo, brutta, impacciata, vulnerabile, profonda, paurosa, sensibile, rancorosa, isolata, con la testa fra le nuvole, introspettiva, triste, confusa, intuitiva, sensitiva, stagnante, pungente, acerba, viziosa, con una rabbia atomica, esausta, sconcentrata, incerta, depressa, suicida, autocritica, con disprezzo per me stessa, perduta, bloccata, irritabile, voglia di nascondermi, la gemella cattiva, senso di separazione, dottor Jekyll e Mr. Hyde.*

Che quadretto! Questo è l'altro lato dell'ovulazione: il mostro brutto e pericoloso che emerge dalle acque e viene a portarci via. La donna si sente smarrita, che ha perso il controllo e il senso della vita. Ora è sott'acqua e nuota, senza protezione, in un mare scuro invaso da squali. A volte con questa sensazione si avverte un senso di potere, di un potere senza controllo. Se non esercitato contro se stessa con depressioni, sentimenti di suicidio o una feroce autocritica, la donna tende a scaricare la forza di potere sbrigliato sugli altri.

I suoi seni si sono asciugati e non le rimane nulla da offrire ad un mondo sentito come irritante e inopportuno. Se la sua identità è basata molto sul dare, in questo momento è confusa e soffre nel non riconoscersi più.

Al tempo stesso è immersa nel sentire una serie di sensazioni inesplicabili e non sempre appropriate. Nel buio si percepisce la presenza della luce, una forte intuizione, una potente sessualità e grandi sogni, ma sono parte di un intrico inestricabile.

Per molte donne l'arrivo del sangue è un momento di trasformazione, anche coloro che soffrono di dolori mestruali iniziano ad avvertire una sorta di piacere (sollievo, desiderio di lasciare andare, di immobilità, pace, beatitudine, estasi, radicamento, autorevolezza, sogno, ispirazione).

Lara Owen ha scritto che i primi due giorni solitamente ci spingono a lasciare andare, a ripulirsi delle tensioni del mese trascorso. Stiamo letteralmente cambiando pelle: il rivestimento dell'utero, un'ottima metafora della muta psicologica. È una specie di morte a cui non si può far altro che arrendersi. Via via che ci svuotiamo, creiamo uno spazio in cui la vita possa riemergere, la nostra e quella che il corpo sarà nuovamente in grado di creare. Questo momento è particolarmente adatto per guardare la nostra esistenza, vedere in che direzione stiamo andando e, attraverso il rituale, allinearci con quello che vogliamo davvero (Owen, 1998).

Dopo l'imprevedibilità del premestruo, il sangue è un grande sollievo, ma, per alcune, rimane un passaggio difficile. Il mestruo richiede immobilità, una qualità difficilmente reperibile nel nostro mondo organizzato e frettoloso. Lo stare ferme può essere snervante perché non tutte sono abituate a sostenere uno spazio emotivo fatto di sensazioni, alcune piacevoli e altre spiacevoli. Fino a quando il corpo non si ferma, le donne ignorano questa loro esigenza di solitudine e silenzio.

Tale ricchezza di sensazioni è molto positiva: il punto non è che le mestruazioni ci espongono alla nostra complessità emotiva, ma che la società attuale non sia in grado di convivere questa esperienza. Racchiuse in anguste definizioni di noi stesse, immaginiamo di poter essere felici senza mai intravedere l'altra faccia della luna: non capiamo che i muscoli emozionali che ci portano attraverso la terra desolata della disperazione sono gli stessi che ci sorreggono nella grande felicità. Il fatto che la donna durante il ciclo viva esperienze così contraddittorie, testimonia la portata e il respiro della sua umanità: non ha bisogno di farmaci che sopprimano gli aspetti più brutti e pericolosi, e la facciano tornare "normale", piuttosto dev'essere guidata a conoscersi, valorizzarsi e onorare la sua conoscenza. Ha bisogno di imparare il linguaggio della sua vita interiore tanto quanto quello esterno.

Il dottor Weill esalta l'importanza delle sensazioni, positive o negative che siano, per rafforzare le funzioni vitali del corpo, affermando che l'apatia, più che le emozioni negative, rappresenta il maggior ostacolo alla guarigione spontanea (Weill, 1990).

La confusione emotiva delle mestruazioni è l'antidoto alla prevedibilità e all'ordine eccessivo: porta colore e ci rende morbide; ci impedisce di essere automi, macchine preposte al fare, e ci ricorda di altre qualità più sottili e profonde; con lo scorrere del sangue ci riporta coi piedi per terra ricollegandoci al corpo, avvolge la fredda logica e la scalda con le sensazioni e i sogni. Metaforicamente le mestruazioni ci riempiono e gonfiano (a volte anche troppo!) e sono una medicina di per sé (Slayton, 1990).

A cosa prestare attenzione

In questo mese aggiungerete un ulteriore ambito di osservazione del ciclo mettendovi in sintonia con le diverse fasi che lo compongono e l'intelligenza che opera in ciascuna. Diverrete anche consapevoli del passaggio da uno stato a quello successivo.
La donna vive due poli opposti: l'ovulazione e la mestruazione. Intorno a ciascuno di questi poli si apre un campo di coscienza sia psicologico che spirituale. È come avere dentro due correnti alternate di energia che io chiamo mente ovulatoria e mente mestruale: ognuna offre diverse modalità di intelligenza e modi di essere. In contemporanea vivete sia l'una che l'altra, ciò che cambia è quanto emerge in superficie e quello che risulta amplificato.
Passando da un polo al successivo si sperimenta una fase transizionale in cui non si è né l'uno né l'altro. Per la maggior parte delle donne non c'è una linea di demarcazione netta, il percorso assomiglia piuttosto al sole che sorge, intensifica la sua luce a mezzogiorno e poi ridiscende verso il calar della notte. Il mezzogiorno è l'ovulazione, la notte è la mestruazione. L'alba, quando la notte entra nel giorno, e il tramonto, quando il giorno sparisce nella notte sono momenti sacri, i tempi di transizione o limbo, in cui non siamo né di qua né di là. Le ore di alba del mestruo sono la preovulazione, e quelle del tramonto dell'ovulazione sono nel premestruo. Anche queste fasi di passaggio posseggono il loro carattere distintivo, i loro scopi e le loro opportunità.

Che cosa fare per prendersi cura di Sé

Aggiungete l'ingrediente lentezza ai due giorni prima e soprattutto ai primi due di mestruazione, cercate di organizzarvi in modo da potervelo concedere.
Decidete di regalarvi almeno il 10% (poco, per cominciare) di qualcosa: sarà il simbolo di quanto vi volete accudire durante i "vostri giorni".
-Tracciare le fasi
Continuate a restare in ascolto della vostra vita interiore, come avete fatto il mese scorso. Gli ormoni responsabili dei cambiamenti del vostro corpo, dei diversi livelli di energia e degli sbalzi d'umore sono stati individuati e oggi hanno un nome, ma più che a conoscere le cause fisiologiche dedicatevi a sentire e prendete nota di quello che succede dentro di voi.
-Pre-ovulazione
Quando la carica mestruale comincia ad allentarsi e vi preparate ad uscire dai giorni del sangue, prestate attenzione al vostro stato d'ani-

mo interiore, la qualità del vostro legame con il mondo.
Ascoltate i vostri sogni, i gusti, le attività, la carica energetica e il livello di fiducia in voi stesse mentre esternamente continuate a svolgere le normali attività.

Che parola o immagine useresti per descrivere questo momento?
Che qualità ha la tua energia?
Come ti relazioni con il mondo esterno?
Quali sarebbero le tue tendenze naturali se non avessi altro a cui pensare?
Quali sono le opportunità di questa fase?

Usa il quaderno o la mappa del sogno mestruale per rispondere a queste domande.
-Ovulazione
In questa fase forse non riconoscerete il momento esatto in cui ovulate, ma sarà una sensazione che vi accompagnerà per qualche giorno. Per comprendere a fondo come vi sentite, ponetevi le stesse domande che vi ho proposto per la pre-ovulazione.
-Premestruo
Il ciclo si sposta nuovamente in una fase chiamata premestruo. Per alcune questo momento si annuncia in modo piuttosto irruento, per altre è un passaggio graduale. Ancora una volta aiutatevi con le domande che seguono e annotate i vostri pensieri sul diario.
-Mestruazione
Alcune donne entrano in questa fase con la comparsa del sangue anche se credo che si possa avvertire già qualche ora o addirittura qualche giorno prima. C'è un momento di straordinario improvviso distacco dal mondo: si entra in un altro spazio. A volte ce ne accorgiamo solo quando ci siamo dentro oppure lo colleghiamo all'esperienza dei giorni precedenti, non ha importanza. Il vero obiettivo è quello di affinare la propria consapevolezza in modo da costruire un contenitore in grado di accogliere le forze che emergono dal profondo. Rispondete anche questa volta alle domande.

Ulteriori riflessioni

Ora, per ognuna delle quattro fasi, ponetevi le seguenti domande e scrivete sul diario le vostre risposte e riflessioni.

- Che cosa c'è di positivo in ogni fase?
- Quali sono le apparenti limitazioni o gli aspetti non utili di ogni fase?

Che cosa ti fa capire di te, che tipo di persona sei?
- Che cosa riesci o non riesci a concludere? Che cosa fai o noi fai con facilità?
- In che modo ti relazioni con gli altri?
- Nelle differenti fasi, ti senti attratta da interessi letterari o artistici particolari? Che cosa potrebbe significare?
- Qual è la qualità dei tuoi rapporti interpersonali?
- In che modo ti vivi?
- Chi sei durante l'ovulazione? Chi sei nella mestruazione?
- Quale tipo di riconoscimento ti torna indietro dall'esterno (famiglia e società allargata) per il tuo modo di essere? Che cosa ti insegna questo?
- Da che cosa capisci se sei nella mente ovulatoria o mestruale?
- Sei più a tuo agio nell'ovulazione o nella mestruazione? Perché?

Queste sono alcune domande utili ma potete sempre aggiungerne delle altre o ignorare quelle che non vi aiutano. Sentitevi libere di seguire la vostra intuizione!

La mappa del Sogno Mestruale

Fotocopia e compila la mappa in allegato al libro scrivendo le parole chiave che identificano il tuo modo di sentirti in ogni fase del tuo ciclo. Cerca trovare il modo di mettere in evidenza i caratteri distintivi di ciascun polo (ovulazione e mestruazione) che crea la tensione dinamica per la tua evoluzione psicologica e spirituale. Se sei creativa puoi disegnare uno schema più grande e colorarlo come preferisci, oppure scegliere quattro fogli separati e fare un collage di parole e immagini ritagliate da giornali e riviste o disegnate da te per ciascuna fase. Sarà come creare uno di quei quadri medievali che mettevano in guardia contro la presenza di mostri, ma nel nostro caso avvisa che c'è del potere nascosto!

3 – LA FASE PREMESTRUALE

Introspezione e depressione

"Se abbiamo il coraggio di guardare nel buio, potremo avere una piccola rivelazione del femminile" (Hall, 1980). Il Femminile riconosce l'importanza dell'oscurità attraverso il processo creativo. Il seme germina nell'oscurità del terreno, il feto cresce al buio nel grembo.
Per noi è molto difficile apprezzare i momenti bui e proprio per questo motivo tendiamo a sentirci escluse dal mondo e dai noi stesse, in uno spazio senza senso né scopo. Molte donne provano queste sensazioni prima di sanguinare (e qualcuna anche subito dopo). Per alcune si tratta di un temporaneo cedimento nello spirito, un triste sentirsi colme di dubbi e insicurezze. Per altre invece si manifesta come una soffocante disperazione. Coloro che soffrono di depressione, così come chi soffre di problemi di salute cronici, assistono ad un'amplificazione dei loro sintomi.
Chi è depresso si rivolge all'interno, a volte al punto da temere di perdere il filo che lo ricollega alla realtà. Quando siamo depresse percepiamo qualcosa che è troppo doloroso da sentire, o troppo grande per essere compreso o cambiato: si tratta di una conoscenza che è più "nelle ossa" che non nel cervello, ed è quindi difficile da esprimere. Credo che in fondo la depressione sia la manifestazione di una forte nostalgia, di un voler trovare dentro noi stesse un significato più profondo. L'estasi, un'altra qualità profondamente legata alle mestruazioni, è l'altra faccia della depressione.
Dopo un evento difficile o doloroso, spesso le donne dicono che se l'erano "sentito", però l'idea che potesse succedere davvero era per loro troppo dolorosa, e quindi avevano scelto di ignorare il proprio sentire per ritrovarsi poi di fronte alla dura realtà. Se avessero potuto agire in qualche modo le proprie intuizioni, di certo ne sarebbero uscite potenziate.

Anche la disperazione è spesso legata ad un vecchio trauma: in tempi normali si riesce a gestirla, ma in prossimità del ciclo non è più possibile controllarla. Le mestruazioni amplificano anche la frustrazione legata al fatto di non aver concepito o di non essere in grado di concepire; la ricomparsa del sangue ci parla del bambino che non c'è o che non abbiamo potuto avere.
Sentirsi vuoti e perduti fa parte della vita: meritate certamente gioia e felicità, non auguro a nessuno di essere triste. Quello che intendo, tuttavia, è che sfuggire continuamente queste sensazioni "difficili", col tempo le renderà incontrollabili. La depressione ci fa rallentare e a volte fermare del tutto ed è naturalmente speculare all'iperattività. I momenti di abbattimento sono la porta d'accesso agli stati di esaltazione; se viaggiate fianco a fianco con la vostra depressione, sperimenterete anche grandi gioie. Per accedere a questi stati esaltanti dovete rischiare di andare ad esplorare le parti di voi che non vi piacciono, gli aspetti difficili e bui di cui ogni tanto avete il sentore ma che poi tenete a bada con innumerevoli impegni, troppo cibo e troppa televisione. Se andate loro incontro, vi metterete faccia a faccia con la vostra sofferenza, ma se vi accogliete con accettazione in ogni vostro aspetto, non solo in quelli facili e brillanti, aprirete uno spazio in cui ricevere anche il riconoscimento, l'amore e la gioia che andate cercando.
Quindi attraversate i momenti premestruali accettando che per sapere bisogna anche vivere momenti di non-sapere, una sana dose di dubbio. Ricordate anche che con la comparsa del sangue le nuvole scompariranno e tornerà il sereno.
Alcune donne hanno un ulteriore momento di calo nel quinto o sesto giorno: non dimenticate che con la fine del mestruo si entra nuovamente in una fase di transizione verso il mondo ovulatorio.
La vita è ciclica e noi umani non siamo esenti dal ritmo di generazione e rigenerazione, morte e rinascita. Nella cultura occidentale adoriamo la rinascita, ma la necessità di lasciare andare e accettare la fine delle cose ci piace meno. Pensiamo sempre che dopo la morte ci sia solo morte, mentre di fatto "siamo sempre nel processo di incubare nuova vita, anche quando la nostra esistenza sembra ridotta ai minimi termini" (Pinkola Estés, 1992).
Nel momento in cui vi sembra che le mestruazioni vi facciano discendere in uno spazio oscuro, ricordatevi questo: è meglio trovare qualcuno che vi aiuti ad entrare in profondità nel vostro sentire, piuttosto di evitare di "curarvi". Abbiamo tutte una naturale capacità di rigenerarci dopo esperienze di questo tipo, e per quanto al momento la medicina

convenzionale possa sembrare una buona soluzione, è possibile che alla lunga vi deprivi di questa opportunità di rinnovamento e arricchimento così preziosi per la vostra vita. Non mi riferisco naturalmente a chi è in cura per malattie depressive croniche presenti indipendentemente dal ciclo mestruale. Se è il vostro caso, non smettete assolutamente la vostra terapia senza prima consultare il medico.
Se riuscirete a cavalcare con maggiore accettazione gli alti e i bassi dell'esistenza, svilupperete dei muscoli psicologici particolarmente resistenti che vi prepareranno a tutti i grandi momenti di sfida della vita. Per poter uscire a testa alta e farsi spazio nel mondo, bisogna essere capaci di scendere in profondità. La mestruazione è un'opportunità formidabile di reale discesa in se stesse.
Considerate il premestruo come un tempo sacro, indipendentemente da quanto è difficile. Più vi sentite a vostro agio e più sarà facile governare la sua forza liberatrice e provocatoria, e usarla saggiamente. Questa forza è potente e porta grandi opportunità di evoluzione; diventa pericolosa solo se non viene usata con consapevolezza. Il vostro compito è quello di gestire questa essenza elementale che è vera, significativa e parte integrante dell'armonia del vostro essere.

A cosa prestare attenzione

La fase premestruale è un momento di potere: un tempo per rafforzare la nostra capacità di gestirlo. Durante questa fase viviamo un'intensificazione delle emozioni e della percezione: grande complessità e profondità, forza e vulnerabilità, caos e perdita di controllo. Le forze primordiali si fanno sentire! In questi giorni parla la voce dal profondo, il Mondo stesso viene a bussare alla nostra porta. È anche il momento in cui il normale modo di agire si disgrega e lo status quo si interrompe aprendo l'opportunità di risvegliarsi, scegliere, affrontare, sistemare, riordinare, completare, sentire la pulsione agitata e disperata, e cambiare veramente le cose.
Nel premestruo leva la sua voce tutto ciò che è stato ignorato e messo da parte, non detto né riconosciuto. È quasi inevitabile che sia così, poiché è un momento di naturale completamento e di pulizia (simbolica ed effettiva). Se l'esperienza è molto intensa, forse state ricevendo il segnale che c'è qualcosa nella vostra vita che cercate di ignorare e che merita invece la vostra attenzione. In questi giorni siete invitate a raggiungere un nuovo livello di conoscenza, ma se non siete pronte a cavalcare l'onda potente, e ad affrontare le conseguenze che ne derivano, non sarà sempre facile convivere con questo nuovo sapere. A

volte ci accorgiamo di aver parlato anche quando sarebbe stato meglio tacere e altre ci decidiamo ad affrontare questioni difficili solo perché il nostro stato d'animo in quel momento le ha rese assolutamente ineludibili.

Che cosa fare per prendersi cura di Sé

Mantenete la vostra attenzione sul ciclo, a questo punto sarà facile e naturale.

- *Onorate la fase transitoria del premestruo come un momento sacro.* Fatelo come volete, anche semplicemente affermando "sono nel mio momento sacro". Ancora una volta praticate l'immobilità e il silenzio.
- *Ascolto interiore*

Sapete già alcune cose su questa fase, quindi in questo mese utilizzate la vostra conoscenza mentre continuate a scavare in voi man mano che il momento si riavvicina.

- Che cosa avviene nella tua fase premestruale? Che cosa si apre in te?
- Che cosa ti piace di te stessa? Quali sono i punti di forza? Riesci a gestirli in modo efficace? Se non ce la fai, perché?
- Qual è il tuo tallone d'Achille? Come potresti trasformare la debolezza in forza?
- Che cosa ti disturba o ti risulta difficile?
- Che cosa capisci dei tuoi bisogni più profondi, che cosa sembra mancare nella tua vita? C'è qualcosa che non va come dovrebbe?

- *Prendere nota*

Scrivete sul quaderno se c'è qualcosa che volete fare il prossimo mese per potenziarvi, anche delle piccole cose. Ad esempio:
Ripropongo qualcosa di buono che ho fatto.
Cambio un po' con mio marito, i figli, i colleghi, gli amici...
Stabilisco dei sani confini con...
Esprimo chiaramente le mie necessità invece che adattarmi ai programmi degli altri.
Ascolto di più.
Vado a letto alle 10.
Cerco di ridurre l'uso dell'automobile per limitare l'inquinamento e il consumo di risorse non rinnovabili.
Scrivo una lettera al giornale per...
Faccio colazione almeno 5 mattine alla settimana.

Mi do un appuntamento creativo.
Non bevo alcol nei tre giorni che precedono le mestruazioni.
Questo mese prendo il rischio di cambiare almeno una cosa.
Quando sanguino mi compro un mazzo di rose rosse.
Ogni sera rileggo e scrivo sul mio diario mestruale e sulla mappa del sogno qualsiasi pensiero mi venga in mente.

4 – PREMESTRUO E POTERE

Onorare la passione

Il ciclo per noi donne è una benedizione. Senza nemmeno doverci pensare, ci viene regolarmente ricordato quanto sia importante prenderci cura di noi stesse. La donna viene tradizionalmente vista come la madre, colei che dà nutrimento; anche noi però abbiamo bisogno di ricevere, di avere qualcuno che si prenda cura di noi. Le mestruazioni ce lo ricordano: ci esortano a prestare attenzione a ciò che è veramente importante nella nostra vita.
Per poter guarire e mantenere un certo benessere, è fondamentale fare almeno qualcosa solo per noi e nessun'altro. Abbiamo bisogno di dare un senso e una direzione alla nostra esistenza e trovare delle fonti di nutrimento che possano permeare ogni livello del nostro essere. A mio parere i rimedi più duraturi sono quelli che ci aiutano ad esplorare il nostro disturbo mestruale, che ci guidano nel ristabilire un senso del sacro nei nostri bellissimi corpi e ci portano autostima e fiducia in noi stesse. Se non ci occupiamo di anima e corpo, con l'arrivo del sangue anche le nostre necessità ci lasceranno il loro biglietto da visita.
Molte donne sono restie all'idea di prendersi cura di Sé: temono di apparire egoiste o addirittura ossessive. A volte può anche essere così, ma il punto è che le nostre esigenze più intime non scompaiono facendo finta di non vederle, prima o poi verranno a chiedere una risposta usando un linguaggio in codice assai più distruttivo.
Una buona alimentazione è basilare per risolvere i problemi di salute, tuttavia non sostituisce il nutrimento dell'anima. Il cibo dell'anima ci motiva ed ispira, ci fa alzare volentieri dal letto ogni mattina e ci invita a seguire le nostre passioni e a celebrare la nostra capacità di immaginazione. A volte il cibo dell'anima si presenta in forme bizzarre: come un brivido all'arrivo del temporale, come un attimo di estasi di fronte

ad un cielo così terso da sembrare viola, ci rende liete alla vicinanza del gatto che fa le fusa, ci fa star bene nel silenzio, nell'ascolto di un pezzo musicale e quando si avverte il profumo dei propri figli... l'anima trova un senso, percepisce la presenza attiva del sacro in ogni più piccola attività quotidiana.

Il vostro cuore sa di cosa parlo: è quello che vi rende felici, quello a cui sotto sotto non rinunciate mai anche se non coincide con le ragioni della logica che invece vi spingono a dare spazio solo a quanto è sensato, utile, socialmente accettabile e ovviamente razionale. Per quanto la logica sia funzionale, l'anima è un territorio al quale le viene negato l'accesso.

Molte persone raccontano di come l'allontanarsi dalla loro passione, porti la vita a ridursi a semplice sopravvivenza. A volte si tratta di persone che apparentemente hanno tutto: un bel lavoro, una bella famiglia, dei bei figli e tanti soldi, dentro però si sentono vuote, perché non sono in contatto con le richieste della loro anima.

Mia madre ha lavorato per molti anni come cuoca in un ordine di suore di clausura: era una delle poche esterne ad essere ammessa e diventò molto amica di quelle donne; era affascinata da loro e non riusciva a capire che cosa potesse averle spinte a quella scelta. La badessa, che prima di entrare in convento frequentava l'università e pare avesse di fronte a sé una brillante carriera, le spiegò: "Che vuoi che ti dica, mi sono sentita chiamare. Ero furibonda!". Ho sempre amato questa storia: non bisogna discutere gli ordini che vengono da dentro, quando parlano si deve agire e nient'altro.

Per via della speciale sensibilità che ci caratterizza nei giorni prima e durante le mestruazioni, in quei giorni siamo molto più vicine alla voce della nostra anima e i nostri sintomi sono la sua voce che ci chiede di smetterla di essere sensate, perché è giunto il momento di seguire la nostra passione! Ascoltate la voce che sale dal profondo, anche se a volte quello che vi chiede vi sembra rischioso o difficile, bisogna farlo.

Dubitare della direzione che si sta prendendo è sempre un atteggiamento sano. Quando si comincia ad ascoltare i bisogni dell'anima però, la vita assume tutto un altro significato. Se con le mestruazioni soffrite molto e al premestruo vivete una profonda disperazione, dovreste chiedervi se state facendo quello che vorreste fare davvero, se siete ancora in contatto con i vostri sogni più profondi o siete confuse e non sapete nemmeno voi cosa desiderate. Forse non state rispettando i dettami creativi della vostra anima.

La creatività è il modo in cui vivete la vita, non significa necessariamen-

te avere dei talenti per le arti. A meno che non siate scrittrici, pittrici, musiciste o ballerine forse pensate di non essere persone creative; in realtà la vita stessa è un atto creativo e voi siete le artiste. In questa prospettiva l'esistenza acquista significato. La creatività inoltre è una potente medicina; non mi riferisco soltanto allo straordinario potenziale femminile di creare nuova vita (anche se spesso i medici, per risolvere il dilemma mestruale, consigliano di avere un figlio) ma al fatto che ognuno di noi è un essere creativo.
Forse vi ritroverete a pensare: "Sì, belle parole, però la mia vita ha preso una piega difficile e mi sembra tutto abbastanza inutile". Lo so, a volte ci si sente così. Eppure, provate ad immaginare per un attimo che i vostri sintomi siano complici della voce creativa che vi parla dei vostri talenti, così come le altre sfide della vita, fanno parte dell'abilità artistica che avete a disposizione. Io credo che la confusione contenga delle informazioni importanti ed è vostro compito cercarle, anche se non avete idea di come fare.
Per iniziare, provate a guardarvi con occhi meno ostili e siate più morbide con voi stesse. Ciò vi permetterà di costruire un nuovo spazio dove troverete dei sogni rilevanti, maggiore consapevolezza e accettazione, sensazioni, sincronismi, intuizione e ispirazione.
Ebbene sì, le mestruazioni in sé sono un momento creativo. La curiosità sarà la vostra arma segreta.
Molte donne attraverso l'arte (il disegno, la scrittura, la musica o la scultura in argilla) danno un senso all'esistenza e scaricano tensioni e esprimono emozioni. Non ci vuole alcun talento particolare se non la volontà di farlo.
Trovate un luogo tranquillo dove sapete che non sarete interrotte. Prendetevi qualche momento per concentrarvi sull'esperienza dei vostri sintomi o disagi e seguite le sensazioni che nascono dentro di voi. Seguite i pensieri e le immagini che affiorano in voi, scegliete lo strumento con cui preferite lavorare e lasciate che le esperienze interiori sgorghino all'esterno senza inutili censure. Non dev'essere un'opera d'arte, ma qualcosa per voi stesse.
Scrivete senza esitazioni; se vi sentite bloccate, riprendete dall'ultima parola e andate avanti senza preoccuparvi di grammatica e sintassi. Via via che scrivete diventa più facile, l'importante è non pensare troppo.
Io ho sempre scritto sul mio diario come ad un amico: Caro Diario... e poi ho svuotato tutta la mia disperazione e la mia frustrazione. Altre volte mi rivolgevo ad un aspetto saggio di me stessa: Cara Donna Saggia... e le raccontavo la mia tristezza e le mie paure. Quando ho

finito di scrivere appoggio la penna, faccio un bel respiro profondo e poi ricomincio: Cara Alexandra. Adesso è lei che mi risponde. Alla fine della lettera firmo, Donna Saggia. Più di una volta mi sono stupita delle parole che fluivano dalla mia penna: tanta saggezza, ispirazione e conforto. Anche dopo molto tempo, rileggendo quelle lettere mi commuovo ancora.

Se decidete di disegnare, notate quali sono i colori che vi attirano e lasciate che le immagini si formino lentamente sul foglio. Se invece avete già un'immagine chiara di quello che sentite dentro, del vostro blocco o dolore, allora disegnatelo. Il disegno o l'argilla vi condurranno in un luogo che prima non conoscevate. La musica funziona alla stessa maniera, vi coinvolge in un'esperienza viscerale, oltrepassa la mente logica e razionale e vi porta dritte alla sorgente della vostra conoscenza.

Queste forme espressive sono eccellenti opportunità per incanalare delle sensazioni e lasciare che si trasformino in qualcosa di inaspettato, commovente e potente. Se vi sentite particolarmente attratte da una di queste modalità, potete cercare qualche professionista che lavori con la musicoterapica, la danzaterapia o altre forme d'arte.

A cosa prestare attenzione

Nel premestruo cadono le difese, l'aspetto gentile e socialmente accettabile scompare lasciando il posto a un'enorme forza elementale: la vostra forza vitale, la vostra essenza più profonda, selvaggia, istintiva ed autorevole. Il genio della lampada esce dalla sua stretta dimora, ma questa volta non per realizzare i vostri desideri, quanto per rivelare con urgenza il potere che vi abita e spingervi a manifestarlo. La nebbia si dirada e riuscite a vedere le cose con chiarezza, la lingua è sciolta, è impossibile trattenere le proprie idee ed opinioni e l'intuizione è al suo apice (se per voi le nebbie non si diradano e vi sentite sempre confuse e sognanti, troverete utile il capitolo "Intuizione, estasi e sciamanesimo").

L'irritabilità, la rabbia, la depressione, la puntigliosità, la frustrazione, la franchezza, la forza, la spinta, la ferita, l'essere sopraffatte, il selvaggio e la perdita di controllo sono tutte manifestazioni di potere nelle sue innumerevoli forme. Anzi, io oso addirittura affermare che la confusione emotiva del premestruo è tutta collegata al potere, anche il sentirsi ferite e sopraffatte. Vi sembrerà strano, perché solitamente sono emozioni associate alla debolezza ed alla vulnerabilità, eppure nascosto in quel sentire c'è un aspetto del potere che non si riesce a gestire: la forte sensibilità.

La forza dell'onda mestruale che sale comincia ad attivare ciò che è stato ignorato, appiattito, negato, represso e soffocato. C'è anche una componente estatica in corso, come quando si beve un bicchiere più del solito; non siete ubriache, ma avete lasciato cadere un'inibizione e non v'importa se le cose vanno un po' come vogliono. Il vostro compito è di imparare a sentire, mantenere e cavalcare questa forza estatica senza farvi travolgere dall'onda.

Che cosa fare per prendersi cura di Sè

Mentre sanguinate aggiungete una dose di semplicità alla vostra pratica di immobilità, lentezza e sacralità. Se possibile evitate di bere alcol per tutto il mese o almeno durante il mestruo.

Riflessioni

- In che modo l'esperienza premestruale ti parla di potere?
- Che tipo di sogni fai, ci sono immagini o temi ricorrenti? Che cosa ti insegnano del tuo rapporto con il potere?
- Che cosa ti spaventa del potere?

Conoscere il genio che vive in te

Presta attenzione all'agitazione iniziale che accompagna il risveglio del genio che giace sopito dentro di te, la forza elementale che incarni fino all'arrivo del sangue. Molte, nelle ore che precedono le prime perdite proveranno una sensazione di rilascio, un senso di abbandono o di esclusione. Se vivete in circostanze restrittive, come ad esempio un ambiente di lavoro conservatore o nella condizione di dover crescere un figlio da sole e non potete permettervi di lasciarvi andare alla voglia di abbandonare tutto, cercate un modo per concedervi di percepire quel desiderio.

Questo esercizio comporta un profondo processo di meditazione ed autoconoscenza. Notate quello che succede e sentitelo visceralmente, restate rilassate anche se siete a disagio e impegnatevi per contenerlo a vostro modo. Contenerlo non significa non esprimerlo, ma prestare più attenzione a quello che dite o che fate. Rispetto a quando eravate focalizzate solo sul ciclo, in questa fase vivrete più intensamente del solito, l'ascolto della vostra voce interiore, l'energia del genio disturbatore. Ora la vostra attenzione è sul processo sottostante il ciclo stesso. Il fatto stesso di essere attente e di coltivare l'ascolto del vostro sentire scava ulteriormente lo spazio interiore in cui accogliervi, donandovi un senso di presenza maggiore.

Con le mestruazioni è possibile, dicevamo, provare una forza estatica. Tuttavia, se non si ha sufficiente cura del senso di abbandono e della propria natura selvaggia, si può perdere il controllo e finire per trovarsi in una condizione di pericolo. Il lavoro di consapevolezza e di contenimento positivo rafforza la vostra capacità di perdere il controllo, ma in maniera liberatoria e costruttiva anziché caotica o distruttiva.

Un po' di spazio per lasciarsi andare

A volte mollare tutto è salutare! Potrà sembrarvi una contraddizione, ma lasciarsi un po' andare è il motivo principale per cui il ciclo è un'ottima medicina, sia da un punto di vista fisico che psicologico.
Concedetevelo: permettetevi un momento in cui non dover tenere tutto sotto controllo né essere totalmente responsabili di come vanno le cose. Alzatevi e andatevene. Magari per farvi un pianto, per essere disordinate, per mostrare la vostra impazienza o rompere qualcuna delle vostre regole. Buon divertimento!

5 – IL CRITICO INTERIORE

La forza dell'amore

Il miglior rimedio è l'amore. Questo è il fine di tutto il nostro percorso: quello di imparare ad amarci come donne, amare i nostri corpi e il potere Femminile. Senza questa gentilezza nei nostri confronti è difficile entrare in contatto con la nostra conoscenza profonda e trovare la porta di accesso ad un vero potere nel mondo.
L'ingresso negli anni del sangue, il menarca, è un momento contraddittorio per le ragazze. A volte si prova un sincero entusiasmo che però viene subito spento dall'apparente scomodità del tutto e dal muro di pubblico imbarazzo che circonda le mestruazioni. Per molte ragazze rimane la vergogna e a volte anche la rabbia verso un corpo da cui si sentono tradite. Eppure il menarca potrebbe essere un momento di gioia, orgoglio e dignità in cui si fa il proprio ingresso nel mondo delle donne. In un momento evolutivo così importante, ogni allusione negativa al loro corpo e ogni atto di svalutazione della femminilità finisce per allontanarle dalla loro autorevolezza interiore. Un distacco che può essere logorante e potenzialmente dannoso per la salute.
Il modo in cui vi sentite con voi stesse farà la differenza nel percorso di guarigione. Un buon livello di autostima, amore e rispetto per Sé sono la medicina più adatta. Le donne che soffrono di SPM spesso faticano a farsi valere e ad affermare i propri bisogni. Se avete fiducia in voi stesse sarete in grado di operare i cambiamenti necessari per migliorare la vostra salute mestruale cominciando con il chiedervi senza remore quello che vi serve per guarire, perché sapete di meritarvelo. In caso contrario sarete severe con voi stesse e ignorerete le vostre esigenze. Il rispetto di Sé fa bene al sistema immunitario e quindi alla salute in generale.
Nel caso in cui vi stia venendo un attacco di disistima semplicemente

leggendo queste ultime righe, ricordatevi anche che ci sono molte persone che non si vogliono bene affatto e godono di ottima salute, hanno una costituzione robusta e sono forti come una roccia. I vostri disturbi non sono indice di inadeguatezza.
Autostima vuol dire anche prendere le proprie difese e saper accettare e rispondere alle critiche; è la capacità di parlare a se stesse in maniera costruttiva e incoraggiante quando ci si sente ferite e vulnerabili; è una flessibilità interiore che permette di esplorare diversi punti di vista senza per questo venire annientate; dona inoltre la possibilità di lasciarsi sostenere dagli altri.
Si può accrescere il proprio livello di autostima raggiungendo degli obiettivi: le piccole cose col tempo diventano grandi. Assicuratevi però di riconoscere le vostre conquiste, per quanto piccole, anziché focalizzarvi sempre sui fallimenti, che naturalmente non mancheranno.
Quando condanniamo il nostro corpo e gli sbalzi d'umore non facciamo altro che confermare e sostenere la diffusa ignoranza culturale riguardo a tutto quello che ha a che fare con il corpo e i sentimenti. Ci conformiamo ad una visione molto ristretta. Le donne che soffrono di problemi mestruali spesso portano su di sé il disprezzo di tutto ciò che è femminile, inclusa l'avversione degli uomini per la natura femminile. Quando malediciamo una parte di noi stesse, condanniamo il tutto.
Durante le mestruazioni a volte ciò che ci sta succedendo ci sembra incomprensibile e questo naturalmente può causarci preoccupazione. In realtà non siete dei mostri fuori controllo, anche se magari è così che vi sentite! Ci sono degli aspetti di voi che vogliono liberarsi, e la vostra sfida è proprio quella di lasciarli liberi mantenendo al tempo stesso la vostra dignità e senza ferire né voi stesse né gli altri.
Le mestruazioni sono uniche, solo per le donne: riconoscere questo potere apre la via all'amore di Sé. L'amore è il nutrimento di cui il nostro essere ha maggiormente bisogno. Non esiste un rimedio più potente di questo e piuttosto che stare lì ad aspettare che qualcuno si decida ad amarci, dobbiamo essere noi a piantare il seme di questa forza sia dentro di noi che nel mondo. Io credo che la maggior parte di noi, più o meno inconsciamente, sia convinta che riuscirà ad amarsi solo il giorno in cui verrà amata da qualcuno. Amarsi da subito può sembrare impossibile o quasi. Tuttavia, se è vero che odiando una parte di noi condanniamo l'intero nostro essere, è altrettanto vero che amando una parte di noi, benediciamo il tutto.
Cominciare a considerare le mestruazioni in modo positivo ed amorevole avrà un'influenza anche su quello che pensate di voi stesse. È con-

tagioso: passa da una donna all'altra, e più sono le donne che gioiscono del proprio potere mestruale, e più uomini verranno contagiati da questa energia. La tenerezza è un'ottima chiave d'accesso a questo sentimento di amore; se la metterete in pratica scoprirete il suo effetto esplosivo.

A cosa prestare attenzione

In un qualche momento, nei giorni che precedono il sangue, possiamo riconoscere l'istante esatto in cui i nostri livelli di pazienza e tolleranza precipitano drasticamente ed emerge il nostro critico interiore che si rivolge sia agli altri che a noi stesse. È una presenza provocatoria a volte difficile da gestire, ma al tempo stesso rappresenta una spinta al cambiamento che non conosce eguali. Imparare a entrare in contatto e a servirsi del critico interiore è un fantastico allenamento per imparare ad auto-accettarsi e offre inoltre la forza necessaria per valorizzare quell'immensa energia che definiamo potere.

La feroce autocritica o addirittura il disprezzo di sé possono essere anche la causa dei "bassi" mestruali: d'un tratto ci si ritrova nel mirino del critico interiore e una voce spietata comincia ad elencare tutti i nostri difetti e fallimenti ignorando completamente i talenti ed i successi. È una voce costantemente presente nella vita delle donne, ma durante il premestruo diviene assillante e pungente. Per quale ragione questa voce riesce a creare così tanto scompiglio? Perché le nostre difese sono abbassate e ci troviamo in uno spazio vulnerabile per definizione.

Soprattutto siate curiose: accogliete quello che viene e se le vostre sono delle reazioni estreme appartatevi, scrivete e usate il tempo per riflettere. Non vi sto autorizzando ad aggredire o ferire le altre persone, vi chiedo di riconoscere che sta accadendo in voi qualcosa di immensamente prezioso.

Parte integrante del vostro percorso di rafforzamento è imparare a gestire le critiche: sia quelle che riceviamo dagli altri, sia quelle che rivolgiamo a noi stesse. Riuscire ad affrontare il critico in ogni sua manifestazione è davvero liberatorio; non voglio ripetermi, ma la sua funzione è di criticare, quindi non aspettatevi che sia gentile. È un propulsore di potere, vuole farvi emergere ed aiutarvi a crescere, e vi offre la grande possibilità di rivendicare voi stesse, di amare e vivere appieno chi siete veramente.

Ogni mese vi presentate alla resa dei conti e vi trovate faccia a faccia con voi stesse: più riuscirete a farlo e più acquisirete fiducia e sicurezza. Il critico interiore agisce come una spada tagliente che passa su tutto, e vi costringe a rivedere, chiarire, tagliare, scartare e fare pulizia dentro e fuori di voi. Tutto ciò può essere molto produttivo e, al tempo stesso, insegna l'umiltà. La sfida è riuscire a non lasciare che vi poti con eccessiva ferocia, lasciandovi spoglie e instabili; né dovete permettervi di essere voi troppo impietose con gli altri, altrimenti non ne ricaverete nulla di positivo.

Maggiore è la forza critica, maggiore è il potere nascosto dentro di voi, quindi se avete una voce interiore molto dura consideratelo un segno positivo. Il vostro critico ha in mente grandi progetti per voi ed ha bisogno che siate forti, quindi vi mette in situazioni che vi costringono a tirare fuori tutta la vostra forza. Se lo fate, col tempo formerete i vostri muscoli psicologici: discernimento, chiarezza, concentrazione, amore e una considerevole energia. Se invece non lo fate, il critico potrà essere distruttivo per voi stesse e anche per gli altri.

Che cosa fare per prendersi cura di Sé

Dovendo affrontare il critico, questo mese il vostro alleato sarà la morbidezza: essere gentili ed accoglienti con voi stesse nel tempo sacro del premestruo. Ad esempio, concedetevi il beneficio del dubbio, rinunciate a qualche impegno, rallentate e trattatevi bene. Cambiate abitudini per venirvi incontro; se avete delle difficoltà a trovare qualche aspetto positivo in voi stesse, chiedete ad un'amica di dirvi che cosa ammira in voi. Ditele anche voi che cosa ammirate in lei. Accumulate un punteggio positivo nel vostro conto corrente psicologico, sottolineate i vostri pregi e talenti.

Gustatevi il cibo, qualunque sia. Ascoltate quelle vocine che vi dicono "Questo non lo dovresti mangiare, quello invece sì" e scegliete di godervi appieno ciò che avete deciso di assaggiare. Non preoccupatevi, il prossimo mese, se vorrete, potrete di nuovo criticarvi per tutte le schifezze che avete ingerito! Se nel premestruo avete la tendenza a saggiare cibi di cui vorreste fare a meno, concedetevene un po' in modo consapevole, senza giudicarvi. Mangiatevi una fetta di torta, un cioccolatino o quello che preferite, purché sia della migliore qualità. Fatelo con stile, consapevolezza e godetevi ogni singolo boccone.

Come gestire la voce critica

1. Valorizzate il ciclo e voi stesse: è il primo passo di affermazione della propria personalità che contemporaneamente vi darà forza e salute; un passo essenziale per rafforzare la vostra capacità di gestire il critico interiore.

2. Accettate di dover incontrare questo personaggio ogni mese, e quindi siate preparate! Conoscendo i vostri punti di vulnerabilità alle critiche, eviterete di mettervi in situazioni difficili; anche questo vuol dire essere morbide con voi stesse.
3. Prestate attenzione a come parlate a voi stesse in quei giorni, che cosa vi dice la voce critica? È un campanello d'allarme, iniziate ad ascoltarlo anche partendo dalle piccole cose. Se gli andate incontro diverrete più forti, ma se non lo fate sarà il critico a rafforzarsi.
4. Il critico potrebbe mostrarvi delle verità scomode. Un modo per disarmarlo è dargli ragione. Non significa essere d'accordo con tutto ciò che dice, ma almeno un po' di verità nelle sue osservazioni la troverete senz'altro. Solo il fatto di riconoscerlo opererà una trasformazione. Cercare di evitarlo, negare le sue accuse o volersi giustificare troppo non fa altro che nutrire questo mostro: le giustificazioni intensificano l'attività del critico interiore.
5. Riflettete sugli interrogativi esistenziali che il critico vi pone prima dell'arrivo delle mestruazioni: che senso ha la mia vita? Sto seguendo la mia strada? Sto facendo quello che desidero? Sto affrontando le difficoltà? Il mio rapporto funziona? Perché non ho una storia? A volte può essere stancante scandagliare tutti questi aspetti, per questo è utile confrontarsi con degli amici intimi o farsi aiutare da un esperto.
6. Quando siete in difficoltà cercate sostegno, se possibile da un terapeuta che comprenda i preziosi doni del ciclo: a volte emergono tematiche più profonde che vanno affrontate correttamente. A volte il critico è così intenso che non ci rendiamo conto di avere a che fare proprio con lui: ci sentiamo depresse o disperate, estremamente arrabbiate o addirittura con pensieri suicidi. Nel premestruo si riaprono le cicatrici di vecchi traumi e i problemi cronici vengono rimessi in evidenza.

Quali sono le tematiche che affiorano prima delle mestruazioni? Cosa critichi di più in te stessa e negli altri? Dove è richiesta la tua attenzione? Quali sono gli inviti del critico interiore?
Scrivi liberamente per rispondere a queste domande, sono appunti riservati.

Il mio critico interiore

Crea un personaggio che chiami "il mio critico interiore": se fosse una persona vera che aspetto avrebbe? Descrivilo o disegnalo. Se tu potessi assomigliare di più a questo personaggio ti sarebbe utile nella vita?

Quali sono i suoi limiti?
Scrivi una conversazione fra te ed il tuo critico. Ascolta quello che ti dice e cosa ti risponde. Cerca i dettagli; le critiche amano le parolone grosse ma crollano di fronte ai dettagli.
Nei prossimi mesi ricorda ciò che hai imparato dal critico. Fai qualche mossa, anche piccola, nella direzione del cambiamento per migliorare la tua situazione.
Ecco alcuni esempi di conversazione immaginaria con il critico. Il terzo proviene dal diario di Lucy: Lucy stava ricordando alcuni eventi del passato e sentiva un forte disprezzo nei suoi confronti. Man mano che scriveva si chiariva un'altra storia, una nuova forza nata dall'aver dato un nome al suo critico ed averlo trasformato in alleato.

Esempi di conversazione con il critico

Critico: La tua vita fa schifo, sei una fallita.
Io: Come schifo? Non funziona niente?
Critico: Senti, il tuo lavoro non porta a niente, non hai una relazione.
Io: È vero, non mi piace il mio lavoro e non ho una storia d'amore, ma ciò non significa che sono una fallita. Riconosco la mia bravura nel lavoro, so di impegnarmi e lavorare sodo. Ho tanti amici che mi vogliono bene, ho molte cose per cui essere grata. Hai ragione a dire che c'è qualcosa che non va, ma non mi reputo una fallita solo perché non sono ancora riuscita a risolvere le mie insoddisfazioni. Devo solo trovare un nuovo lavoro. Lasciami stare, adesso mi ci metto davvero, comincerò a cercare un lavoro nuovo.

Critico: Mamma mia, sei proprio un'idiota, perché non ti comporti come tutti gli altri? Perché sei così reattiva, cosa c'è che non va in te?
Io: Ehi, che parolone, un'idiota? Che cosa ho fatto di così stupido?
Critico: Ti sei arrabbiata, sei scoppiata e gliene hai dette di tutti i colori.
Io: Dici che ho esagerato?
Critico: Certo.
Io: Beh, ho detto quello che pensavo mi sono infuriata, magari era meglio di non farlo, però ormai è fatta. Mica sono un'idiota solo perché mi sono arrabbiata, ho solo espresso il mio modo di sentire. Anzi, ora mi sento proprio bene!
Critico: Ma a guardarti stavi esagerando, sembravi stupida.
Io: Perché c'è da vergognarsi quando ci si arrabbia? Io non ho rimorsi,

anzi mi vergogno di più di aver taciuto per tutto quel tempo.

Critico: Infatti non avresti dovuto startene zitta e sopportare così a lungo, avresti dovuto aprire bocca anni fa.

Io: Scusa eh, prima mi dici che ho sbagliato a parlare e adesso affermi che avrei dovuto farlo prima, proprio non ti capisco! Faccio del mio meglio, sono umana sai?

Critico: Sì, è che prima o poi ti ritroverai senza amici, sola come un cane.

Io: Sì, bravo criticone, scommetto che non rimarrò sola e che comunque sopravviverò. Magari troverò nuovi amici e forse migliori. Le cose non sono mai così terribili come sembrano. È bene che me lo rammenti!

Critico: Ehm.

La conversazione di Lucy

"Non ha alcun senso rivangare le storie del passato, assolutamente no, è un comportamento infantile. Hai capito, critico? Tu che sminuisci tutto, hai proprio ragione, è sciocco, sempre le solite vecchie storie che non portano a niente, meglio cimentarsi in qualcosa di utile piuttosto che starsene qui a rimuginare. Queste stronzate inutili sono solo una distrazione. Non c'è cosa peggiore che distrarsi dal presente, è un'azione criminale, mi dovrebbero arrestare. Adesso basta. E visto che siamo la stessa persona potremmo almeno collaborare e provare a rispettarci. Dobbiamo cercare di avere rispetto reciproco, allineare i nostri obiettivi e avere fiducia uno nell'altra così non ci mettiamo i bastoni fra le ruote. Bene, allora ti chiedo: rispetto, obiettivi comuni e fiducia. Vediamo gli intenti: lo scopo è aiutarmi ad essere una persona migliore, quindi ho bisogno di incoraggiamenti, elogi, di farmi indicare la direzione, critiche costruttive, senza dover rinvangare il passato e servirsene a scopo punitivo. Costruttivo significa riconoscere quello che ho fatto e verificare se avrei potuto farlo meglio. Portare alla luce i limiti del proprio carattere, fare la pace con se stessi e poi mettere tutto nelle mani di Dio, così lascio andare e mi scrollo di dosso le sofferenze e i vecchi errori. Bene! Perfetto! Il rispetto nascerà dalla collaborazione, lavorando insieme per il raggiungimento degli obiettivi comuni e si accrescerà anche la fiducia via via che lo facciamo e otteniamo dei risultati. Prendiamo la decisione di non intralciarci a vicenda, diamoci una mano".

6– VOGLIA DI PROVOCARE

La storia di Teri

Per Teri le mestruazioni sono un momento di rabbia e dolore pazzeschi. Ancora prima di frequentare il mio corso, Teri aveva inventato dei rituali per segnare questo passaggio: lasciava in giro gli assorbenti per avvisare il suo compagno che "erano arrivati i mostri" e ascoltava la sua canzone preferita, "Difficult women" di Renee Geyer.
"Ogni mese con il ciclo vivo delle trasformazioni radicali che preferirei non ci fossero" spiega Teri. "Riconosco che questi cambiamenti siano utili ma per me a volte sono troppo. Il dolore è una conferma della fase che sto attraversando, mi costringe a stare in allerta". Teri si trova sul filo di lama, al confine di un territorio pericoloso che si potrebbe definire "il suo magnifico potere". Le sue energie sono libere; ne riconosce la loro importanza ma non ha ancora imparato ad usarle con scioltezza.
Per sei anni fino ai ventiquattro ha preso la pillola contraccettiva e non ricorda di avere avuto alcun problema. Ora a quarant'anni si può immaginare quanto la soppressione del proprio ciclo ormonale per così tanto tempo, abbia contribuito ad una reazione tanto violenta del suo organismo. Teri è un'infermiera pediatrica e fa i turni di notte, un'ulteriore complicazione per il suo ritmo corporeo. Il fatto che i medici maschi, al lavoro, continuano a chiamare le infermiere "ragazze", mentre gli infermieri non vengono chiamati "ragazzi" la fa veramente infuriare. Di solito cerca di scherzarci sopra, ma nel premestruo anche questo la fa innervosire moltissimo.
All'età di ventisei anni ha cominciato a soffrire di epilessia lobo-temporale per la quale ha cominciato a prendere dei farmaci che, sebbene necessari, probabilmente hanno aggravato i suoi sintomi mestruali. Questo tipo di epilessia può essere associata a forti stati trascendentali, come quelli che si possono presentare durante le mestruazioni

(Borysenko, 1996). Senza dubbio Teri è una donna molto sensibile e, a causa dell'epilessia, aveva già una tendenza a vivere dei forti stati di alterazione, simili a quelli mestruali, che amplificano la portata della sua esperienza. La sua sfida è quella di smettere di contrastare la forza che la abita assecondando invece le potenti energie che si muovono in lei.

Se la rabbia persiste e vi aspetta al varco, vi consiglio di cominciare un percorso di auto-conoscenza per comprenderne il significato nel contesto allargato della vita che vivete. Non sempre le sensazioni sono solo personali, c'è molta ingiustizia nel mondo e può darsi che siate arrabbiate per tutta questa sofferenza. A volte l'antidoto migliore non è la terapia ma l'attivismo.

Anziché condannare la vostra rabbia, portate dalla vostra parte la sua focosa energia prima che crei troppo scompiglio! Questa è una sfida interessante: già godersi nell'intimità della propria mente la cattiveria e la voglia di provocare può rappresentare un buon inizio. Lo psicodramma e la rappresentazione visiva di questa energia sono metodi sicuri per fare la sua conoscenza sul piano fisico. È importante anche individuare dei modelli femminili forti e positivi, accrescere l'autostima e cominciare a farsi rispettare se pure a piccoli passi.

Potete affrontare la vostra rabbia senza ferire gli altri, nel momento in cui la rabbia emerge, vi suggerisco di abbandonare la situazione quanto prima e andare a sbollire altrove. Dite quello che dovete dire ad un cuscino o una sedia, o al vostro Dio o Dea, ma tirate fuori tutto. Fate dell'attività fisica e sentite la carica energetica della rabbia nel vostro corpo. Tengo sempre da parte per l'occasione qualche vecchio piatto da spaccare: che soddisfazione, specialmente se lasciate i cocci a terra per un po'!

I vecchi elenchi telefonici sono perfetti da strappare per sfogarsi inizialmente, di modo che, liberata la carica rabbiosa, sperimenterete una nuova chiarezza di pensiero e di parola, e potrete esprimere in modo genuino quello che vi ha ferite davvero.

Se tendete a perdere il controllo, cercare di trattenere la vostra rabbia può essere un buon esercizio; non significa ignorare la ferita, semplicemente evitare di esplodere. Può sembrare ironico, ma anche andare in escandescenze è un modo di evitare il confronto.

Quando sentite che la rabbia sale, trattenete quella carica dentro di voi; sentite ed osservate che cosa avviene in voi, anziché buttarlo fuori così com'è, e lasciate che quel sentire prenda nuove direzioni. Non è sempre facile ma ho notato che questo modo aiuta a comprendere più

facilmente il punto di vista dell'altro. Tenete sempre a mente che dovete anche lottare con un'atmosfera sociale che vede di cattivo occhio una donna coraggiosa, forte, rumorosa e prepotente, tutte caratteristiche accettabili in un uomo: l'uomo viene considerato deciso, la donna aggressiva. Per citare la cantante hip hop Missy Misdemeanor Elliott: "Se un tizio si comporta in un certo modo è sana aggressività, se lo fa una donna è una stronza; invece è solo una donna che sa quello che vuole"[1].
Quando ci troviamo in questo stato furioso segniamo i nostri confini e dichiariamo "Quando è troppo, è troppo!".
Imparando a gestirne la rabbia, riuscirete a creare un distacco che vi permetterà di affermare la verità in modo penetrante e di innescare il cambiamento. Grazie a quel distacco potrete portare avanti una voce più grande della vostra, per voi stesse e per il Mondo.
In alcune donne l'irruenza è assai pronunciata, in altre più silenziosa. Forse non la sperimenterete nella totalità che ho appena descritto, ma la riconoscerete in diversi aspetti di voi. Probabilmente esistono altre sfumature che non ho colto, lasciatevi guidare dal vostro sentire.
Se è vero che non bisogna scusarsi per questo aspetto provocatorio è altrettanto vero che il potere è un'arma a doppio taglio: è sempre possibile esagerare e ferire qualcuno. In questo caso sì, è importante chiedere scusa, ma non fatelo liquidando il fatto come un caso di stranezza mestruale da non prendere in considerazione. Giustificandovi negate la vostra intelligenza e il contenuto di quello che intendevate dire. Non è necessario far sapere a tutti che siete nella fase premestruale, l'importante è imparare a padroneggiare quest'energia.

A cosa prestare attenzione

Di fatto conoscete benissimo questo copione: vi trasformate improvvisamente in una persona provocante, dura, dal linguaggio secco, sicura di sé, sapiente e talvolta aggressiva. Incarnate questo personaggio autoritario esclusivamente nella fase premestruale e una volta conclusa finite per chiedere scusa della sua ingombrante intrusione.
Nota anche come "donna che ha pieno controllo di se stessa", questa figura è una potente combinazione di forza elementale ed energia critica, un'indispensabile spinta al cambiamento della quale non vergognarsi mai. Ha un istinto infallibile per le bugie e non intende farsi prendere in giro da nessuno.

1. The Good Weekend, 31 luglio 1999.

La rabbia è un'energia favolosa che non deve andare sprecata. Più vogliamo reprimere questa forza provocatoria meno sarà ragionevole e più aumenterà la sua carica distruttiva. Sia chiaro che non sto in alcun modo incoraggiando l'uso dell'insofferenza mestruale a scopo di offesa di altri o di voi stesse, ma mi riferisco alla forza del tipo "non ti mettere in mezzo", che può essere un'alleata eccezionale nel portare a termine le cose che vi stanno a cuore.
Non potrebbe darsi che le vostre reazioni rabbiose e l'umore della serie "se mi guardi storto ti mangio vivo" durante il premestruo, siano in realtà energie ricche di potenti indicazioni che tendono a riportare equilibrio nella vostra vita? Invece di scusarci e vergognarci per questa voglia incontenibile di provocare non sarebbe meglio accoglierla come qualcosa di buono e sano?
Spesso, nascosto dietro alla nostra reattività, c'è il disagio per ciò che siamo e per quello che facciamo. Alcune volte siamo nervose con il mondo perché siamo nervose con noi stesse. Ritirarsi in silenzio per un po' e ascoltare la nostra rabbia ci mostra quello che davvero non va nella nostra vita.
La rabbia può essere il segnale che non vi siete fatte rispettare o che non siete in sintonia con quello che per voi è importante. A volte per mantenere il quieto vivere ignoriamo delle piccole azioni del partner che noi troviamo irritanti, e poi ci stupiamo se nel premestruo ci trasformiamo in dei mostri. La rabbia ci dice: affronta le difficoltà in modo regolare, non accumulare.
Una rabbia eccessiva può indicare un'ingiustizia subita nel passato, o nel presente, difficile da elaborare. Magari si tratta di un trauma nell'infanzia che avete cercato di ignorare o dimenticare. Se è così vi suggerisco di cercare l'aiuto di un terapeuta per individuare la radice di questa rabbia e trovare un modo sano e creativo di incanalarla: guarire la ferita originaria è importantissimo.

Che cosa fare per prendersi cura di Sè

Andateci piano con il bere, che insieme all'energia provocante forma una combinazione esplosiva, ed evitate gli zuccheri. Ciò non significa eliminare completamente i cibi dolci, ma controllare che siano dolcificati naturalmente (senza zucchero), con frutta fresca o secca, malto di riso o d'orzo, sciroppo d'acero e miele. Potete ridurre la sensazione di bisogno di dolci assumendo degli alimenti ricchi di minerali, ad esempio mangiando molta verdura (soprattutto a foglia verde), frutta, grassi animali provenienti da prodotti biologici come latte intero fresco (è più digeribile se diluito al 50% in acqua) e yogurt, grassi naturali come noci, nocciole, mandorle e pinoli. Molto nutrienti sono anche i semi di zucca, girasole e lino, l'olio d'oliva spremuto a freddo e gli oli di pesce. Mantenete come alleati l'immobilità, la sacralità, la semplicità, la lentezza, la morbidezza, e per questo mese aggiungete il santuario: interpretate questa qualità a modo vostro. Pensate a cosa evoca in voi la parola santuario e regalatevene un po'.

Conoscere il proprio agente di potere

Durante tutto il mese focalizzatevi su questa energia provocatoria e senza peli sulla lingua, soprattutto nei giorni vicini al mestruo. Vedete questa energia come una guida, un agente di cambiamento, piuttosto che considerarlo un lavoro interiore. Il compito è simile a quello dei capitoli precedenti, anche se include una sottile modifica: finora avete prestato attenzione a voi stesse, ora spostate un po' la prospettiva verso l'azione, in modo da portare la nuova consapevolezza verso l'esterno. Agire per il mondo: che si tratti della vostra famiglia, del quartiere o del Mondo più in grande.

In che modo questa forza provocatoria vuole farti agire?
Quali sono le questioni che ti disturbano?
Solitamente come censuri il tuo agente di potere?

Passare all'azione

Questo mese trovate una maniera di onorare il vostro aspetto diretto e provocatorio attraverso qualche attività e al tempo stesso ascoltate quei lati di voi che appaiono intimoriti da tanta sincerità. Probabilmente alcune di voi stanno già usando questa qualità, magari senza valorizzarla. Qualcuna si criticherà considerandosi eccessiva. Smettete di criticarvi e prendete atto della vostra capacità di denuncia.
Scrivete sul diario le azioni intraprese e i loro risultati.

7 – LA FORZA DELLA VULNERABILITÀ

Darsi ascolto

La sensibilità che ci caratterizza durante le mestruazioni è una straordinaria apertura verso il mondo dello spirito; imparando ad attraversare questa soglia con disponibilità all'accettazione, col tempo sarà possibile sperimentare un senso di comprensione ed illuminazione che si diffonderà a tutti gli altri aspetti della vita.
Tutte le difficoltà mestruali sono legate alla sensibilità. Durante i momenti di transizione ci si sente più esposte perché quelle parti di noi stesse che normalmente teniamo nascoste vengono in superficie. Questa vulnerabilità, se non le si presta l'attenzione che merita, può provocare ansia, senso d'inadeguatezza e fragilità emotiva.
Se è vero che durante il ciclo ci sentiamo trasparenti, è altrettanto vero che abbiamo la capacità di vedere dentro gli altri e comprendere con maggiore profondità le situazioni esterne. Le mestruazioni non sopportano bugie e negazioni; mi ricordano la favola "Il vestito nuovo dell'Imperatore": l'Imperatore, accecato dalla sua vanità, viene convinto di avere addosso l'abito più elegante e prezioso che sia mai esistito, mentre invece è completamente nudo. È circondato da cortigiani e sudditi adulanti che gli dicono solo quello che vuole sentire, finché l'innocenza di un bambino che passa di lì per caso svela la verità. Il bambino si mette a gridare: "L'Imperatore è nudo!" proprio mentre il sovrano sfila lungo le vie della città sfoggiando il suo abito nuovo.
Attraverso il linguaggio dei sintomi, la vostra anima, come quel bambino, vi mostra l'insostenibile messinscena della vostra vita. Il sentire è una forma di conoscenza che non segue le vie della mente razionale.
In questi giorni si versano lacrime con grande facilità. Cosa possono dirvi? Piangete pure! Piangete anche senza un motivo apparente. Le lacrime vi possono aiutare a rilasciare la tensione: vi lasciano pulite e

annaffiano la piantina che in voi è pronta a germogliare. Mentre piangete vi avvicinate a un luogo più morbido e creativo dentro di voi.
Le lacrime parlano di una nostalgia di Lei e allo stesso tempo servono a richiamarla e a farle spazio in voi e nella vostra vita. Inoltre, imparando a piangere senza vergogna, aprirete una nuova possibilità anche per gli uomini di sentire e mostrare i propri sentimenti senza il bisogno di nasconderli.
Alcune donne vivono tale sensibilità al punto di svenire: può essere che siano sensitive, cioè persone in grado di scorgere maggiori sfumature e di vedere oltre l'apparenza delle cose. A volte presagiscono il futuro, sentono quello che gli altri faticano ad esprimere e sono telepatiche: leggono oltre la realtà ordinaria.
Lo svenimento potrebbe rappresentare una forma amplificata di allontanamento dal quotidiano e di rapimento in un'altra realtà. Ho conosciuto diverse donne che durante il ciclo svengono o perdono leggermente conoscenza, che da ragazze avevano vissuto alcune esperienze psichiche difficili da spiegare. L'incomprensione delle persone intorno a loro, le aveva portate a sforzarsi di reprimere quello scomodo aspetto per tutti gli anni successivi. Prestando invece attenzione ed onorando le proprie capacità, davano spazio a questa forza irresistibile che le chiamava a sé e hanno notato che non c'era più il bisogno di svenire.
Io considero il premestruo come un risveglio dei sensi e dell'anima ad una realtà più piena e vera, un ristabilirsi appieno nella propria umanità. A volte questo risveglio assomiglia all'effetto dell'antidolorifico che svanisce dopo che ci ha anestetizzate per un po': ci lascia sensibili, in parte doloranti, ma almeno vive!

A cosa prestare attenzione

Essere vulnerabili significa essere umane, vuol dire restare aperte, permettersi di sentire più profondamente e lasciarsi commuovere. Siate sensibili e lasciatevi toccare dalla vita. La vulnerabilità vi permette di entrare in uno stato di coscienza espanso e di connettervi a qualcosa di più grande di voi per sperimentare amore, bellezza e profondità di significati. Vi apre alle forze dello spirito e dell'estasi. Le persone incapaci di sentirsi vulnerabili sono emotivamente morte: la stasi emotiva blocca il circuito di intelligenza intuitiva ed istintuale. Se da un lato sarete ancora in grado di funzionare intellettualmente, vi sarà tuttavia impossibile entrare veramente in contatto con voi stesse ed instaurare delle relazioni soddisfacenti. Senza vulnerabilità c'è scollegamento, una mancanza di contatto che può divenire terreno fertile per l'indifferenza

e perfino per la violenza.
La vulnerabilità non è comunemente associata al potere. Al contrario, essere vulnerabili può dare un senso di impotenza: l'accentuata sensibilità premestruale e mestruale ci fa sentire senza pelle, confuse, ipersensibili, senza controllo, imbarazzate, facilmente feribili e stupide, altro che potenti!
Valorizzando ed onorando questi momenti di espansione naturale avremo l'opportunità di coglierne i doni positivi, anziché restarne sopraffatte.
Sebbene sia fondamentale stabilire dei sani confini, essenziali per un giusto senso di sé, se tali barriere divengono impenetrabili si rischia di diventare impermeabili alle influenze del mondo. Chiusure eccessive creano egoismo e separazione. Un po' di permeabilità è essenziale per unirci agli altri: ci permette di ascoltare il mondo esterno così come la nostra realtà spirituale. L'inquietudine premestruale non è tutta personale: forse sentite lo stato d'animo delle persone intorno a voi o le difficili condizioni del mondo. Siete come un'antenna che capta l'insofferenza inespressa all'interno della famiglia e della comunità. Alcune donne si sentono sopraffatte e piangono con facilità; io credo che parte della tristezza non sia loro, ma che sentano la disperazione che esiste in molti angoli del mondo, dove la gente è disperata nelle proprie esistenze di degrado, violenza e mancanza di diritti umani.

Che cosa fare per prendersi cura di Sè

Prestate attenzione alla dieta: evitate l'alcol e riducete o eliminate il caffè e gli zuccheri, sostanze che riescono davvero ad esaltare la già presente sensibilità, lasciandovi un senso di confusione, estraneità e solitudine.
Bevete molta acqua fresca per rimanere idratate e riposate. Continuate ad essere morbide con voi stesse, siate gentili, gentili e ancora gentili e ricordate tutti i vostri alleati. Questo mese aggiungete la solitudine, quindi niente telefoni, computer, radio, televisione, né musica per un po'.

Momenti di vulnerabilità

Il vostro compito ora è quello di andare incontro alle vostre sensazioni di vulnerabilità ed ascoltare che cosa hanno da dirvi. È curioso quanto solo il fatto di ascoltarle, senza bisogno di fare nient'altro possa cambiare le cose. Questo semplice gesto crea una forza interiore ed una spiritualità che non hanno prezzo.

Segnate chiaramente sul calendario o sul diario i momenti più vulnerabili del ciclo e, per quanto potete, prendetevela comoda. Quando si avvicinano seguite il ritmo del vostro corpo, anziché quello imposto dalla testa! Riducete al minimo gli stimoli, state in ascolto, scegliete le cose che vi fanno bene e rifiutate quelle dannose. Rendete questo momento il più sacro possibile.

Che cosa hai capito di te stessa? A che cosa ti sei aperta?
Come ti senti ora che ti sei concessa di accogliere ed ascoltare la tua sensibilità?
Come ti senti nel tuo corpo?
Se sei in una relazione, come ti è sembrata l'unione fra di voi?

8 – IL LIMBO E LA CREATIVITÀ

Lo spazio di mezzo

Gli spazi liminali sono finestre di opportunità, modi per liberare il pensiero, luoghi di sogno e magia, momenti di guida per le nostre vite, intesi alla raccolta del nutrimento per l'anima. Un attimo di raccoglimento in cui usciamo dal mondo e dalle attività mondane per entrare nella terra di nessuno. Non più confinate nel mondo materiale, possiamo finalmente raggiungere gli angoli più reconditi di noi stesse e dell'universo.

Quando una donna passa da una fase all'altra del ciclo, varca delle soglie: si tratta di momenti di transizione che devono inevitabilmente essere attraversati. Sia il premestruo, quando dobbiamo negoziare il passaggio dall'ovulazione alla mestruazione, sia la mestruazione stessa, sono stati liminali. È vero che l'inizio del sangue può rappresentare un punto di arrivo, ma è al tempo stesso un momento di limbo, in cui non si è né incinte né fertili (Owen, 1993).

Sono poche le donne che si lamentano dell'ovulazione, proprio per il fatto che si sentono a loro agio con il suo linguaggio, cosa che non accade invece durante il mestruo. La donna può sentirsi goffa o stupida e apparentemente si comporta in modo strano, perché la mente vaga e il pensiero perde lucidità. Ciò non significa che sia meno intelligente, ma certamente sta usando un altro tipo di intelligenza: è meno concentrata e più aperta. Molti canali sono attivi contemporaneamente, come succede normalmente alle madri. Siamo tutte potenziali mamme e questa nostra capacità si amplifica durante la mestruazione.

L'elemento che ci può mettere più in difficoltà durante queste fasi di transizione è proprio la perdita di identità, il fatto di non essere né carne né pesce. Siamo di fronte ad un temporaneo nulla e alla necessità di lasciare andare il vecchio per fare posto al nuovo. Una volta com-

preso come ascoltare e seguire la natura degli stati di transizione ci sentiremo meno infastidite.
Quando abbandoniamo i nostri ruoli abituali siamo nude, vulnerabili e permeabili all'"invisibile". Come una spugna potremmo letteralmente assorbirlo. Il confine tra il conscio e l'inconscio si assottiglia, i guardiani se ne sono andati e nell'edificio si aggira indisturbata ogni sorta di creatura interessante e provocante, soprattutto prendono spazio quei personaggi che di solito teniamo sotto chiave! Ad un tratto vengono liberati tutti gli aspetti di noi che consideriamo perversi, rabbiosi, infelici, inetti e socialmente inaccettabili! Per fortuna i nostri corpi non permettono che ci dimentichiamo della totalità del nostro essere: il ciclo è un dono prezioso.
Un buon esempio di spazio di mezzo è il momento tra il sonno e la veglia, in cui le immagini dei sogni si mescolano ai pensieri del giorno appena iniziato, e tra questi si insinuano alcuni ospiti inattesi. Questi spazi di passaggio a volte ci regalano piacevoli ispirazioni o soluzioni creative ai nostri problemi, altre volte veniamo assalite da paure e ansie inespresse. Si tratta di un momento di apertura in cui abbassiamo la guardia e l'inconscio può affiorare, con le sue luci e le sue ombre.
Il sistema immunitario, il nostro confine fisico, al premestruo è più vulnerabile perché rispecchia l'assottigliamento delle nostre barriere psicologiche. Non sono poche le donne che avvertono dei sintomi influenzali prima di sanguinare e prima dell'ovulazione. Le donne che soffrono di problemi cronici come allergie o altre condizioni infiammatorie, nei periodi di passaggio del ciclo assistono ad un aggravamento dei loro sintomi.
La dottoressa Elizabeth Hardie, in base ai risultati delle sue ricerche sostiene che la SPM non è direttamente legata al ciclo in sé ma alla depressione o all'irritabilità che possono scaturire da problemi fisici o sociali. Coerentemente con l'opinione diffusa sul Femminile, alla pubblicazione del rapporto di ricerca la stampa britannica titolò "La tensione premestruale è tutta nella mente", ovvero non esiste!
Un'interpretazione molto demoralizzante per tutte quelle donne che in alcune fasi del ciclo si sentono davvero a disagio: la loro sofferenza è reale.
Il ciclo mestruale non è la causa del problema, ma è ciò che lo rivela, accentuando la sensibilità fisica e psicologica. Problemi mestruali quali sbalzi d'umore, dolori, stanchezza, endometriosi o fibromi sono il segnale di una difficoltà dell'organismo nel suo complesso.
La nostra capacità di gestire le energie che emergono da questo limbo,

che riteniamo buone o cattive, è un segno di forza. La nostra vulnerabilità non è una debolezza, semplicemente un'apertura. La nostra sensibilità non ci offre solo sensazioni di disagio, ma ci permette anche di avere accesso a nuove idee, visioni e stati trascendentali.

A cosa prestare attenzione

Il limbo è uno spazio e un tempo di transizione in cui non siamo né una cosa né l'altra. Bisogna lasciare andare un mondo prima che di aprirsi a quello nuovo; è un momento di morte e rinascita. Per alcune donne è molto difficile non riconoscersi in nessun modo di essere e questa condizione può provocare depressione, ansia e paura: si è nel mezzo del cambiamento e mancano dei punti di riferimento fissi. Queste sue caratteristiche ne fanno un momento di grande libertà, estasi e potenziale creatività.

Nella vita ci sono molti momenti di limbo, come ad esempio la pubertà, la gravidanza e il parto, la menopausa e la morte. Qualsiasi grande cambiamento (l'inizio e la fine di un rapporto, un cambio di carriera o la pensione), contiene un enorme potenziale come anche i cambi di stagione portano tali energie e i momenti di limbo minori nel corso della giornata. Uno classico è il passaggio dalla notte al dì, quando ci si sveglia, un altro lo spostamento da casa al lavoro e viceversa. Se ci ponete attenzione noterete che avete stabilito dei rituali che segnano queste transizioni, una tazza di caffè prima di cominciare le attività del mattino o una doccia appena tornati a casa dall'ufficio. Anche la malattia ci porta dritti in questa terra di nessuno e, se dura per lungo tempo, questo spazio si può trasformare in una prigione o in una cella d'isolamento senza senso.

Anche il ciclo mestruale che porta dal sangue all'ovulazione e dall'ovulazione di nuovo alla mestruazione, è per le donne il limbo, è un'esperienza profondamente incarnata sia nel corpo che nella coscienza. Il premestruo è la sfida più grande, perché si tratta del momento meno evidente e meno celebrato, quello in cui si sperimentano la fine e la morte, e si vuole stare per conto proprio per viverne il lutto, senza chiedere né volere sostegno da nessuno. Anche il mestruo, sebbene sia un punto d'arrivo, è un limbo. Non siamo né incinte né fertili, non più "occupate" si può dire. In quel momento quindi incarniamo un ruolo molto poco apprezzato della natura femminile, siamo l'immagine della donna che appartiene solo a se stessa e una donna che non appartiene a nessuno, viene vissuta come una minaccia.

Pensate al limbo come ad un portale attraverso il quale poter viaggiare fino al Senza Tempo. Coltivare questa consapevolezza alimenta la creatività, la capacità di vedere attraverso, di sentire i mondi al di là del mondo e di sperimentare quella pulsione profonda che è all'opera in tutte noi. Le pratiche spirituali insegnano proprio questo: coltivare la consapevolezza oltre le questioni mondane. Mensilmente, grazie alla dinamica del ciclo, alle donne viene data la possibilità di accedere a questo regno. La donna in menopausa che abbia vissuto ed amato appieno il proprio ciclo è in grado di ergersi con fermezza tra i due mondi: il sacro e il mondano.

Il territorio liminale, la terra di mezzo è:

- tempo e spazio sacri
- una finestra di opportunità
- un modo di liberare il pensiero
- un luogo di raccoglimento in cui fermarsi e riflettere
- tempo per sognare e lasciar entrare nuove idee
- un'opportunità per raccogliere nutrimento per l'anima
- uno spazio per entrare in contatto con il senso più profondo della propria vita
- un tempo magico per riscrivere il futuro
- un luogo di potere.

Che cosa fare per prendersi cura di Sé

Immaginate che la parte che vi dà più da fare nel ciclo sia il vostro punto di potere. Ad esempio, se durante un certo giorno vi viene il mal di testa, o vi sentite strane, o avete dolori addominali, segnate quel giorno come il vostro giorno sacro e date spazio a ciò che vi disturba. Immaginate che contenga una lezione di potere, ascoltate, osservate e scrivete le vostre sensazioni.

Aggiungete momenti di silenzio a questo mese, soprattutto con l'arrivo del sangue. Non è qualcosa di molto diverso dalla solitudine, sebbene sia interessante imparare a godersi il silenzio anche quando si è insieme a qualcuno.

Esplorare il limbo

1. Lo scopo non è quello di essere concentrate, piuttosto cercate di essere neutrali, fluide e morbide mantenendo sempre una sottile attenzione. Potrebbe sembrare che non stia accadendo nulla. Nulla va benissimo! Inoltre non sarà un vero nulla, qualcosa succede ma è al di sotto della soglia di consapevolezza. Potersi rilassare e prendersela comoda per un po' è un'ottima medicina. Se, dopo lunghi

periodi di concentrazione, vi accorgete che il vostro livello di attenzione cala, può essere il momento di appoggiare i ferri del mestiere e concedersi qualche attimo di limbo; è un'opportunità per rigenerarsi. Se invece vi sentite bloccate nel lavoro, non trovate le risposte o non sapete come continuare, vagate un po' per l'ufficio, sognate ad occhi aperti, andate in bagno, bevete qualcosa o guardate fuori dalla finestra. In questo modo manterrete vivo il vostro spirito creativo. Non è necessario pensare al problema, è il problema che pensa a voi. Dopo qualche minuto ritornate al punto e vedrete con sorpresa che il limbo ha operato la sua magia.

2. Sperimentate questi momenti di limbo, stateci dentro, corteggiateli, lasciatevi andare:

- prendetevi del tempo all'alba o al tramonto; se è possibile state a guardare il sole che sorge o che sparisce all'orizzonte;
- al mattino trastullatevi fra sonno e mezza veglia;
- collaborate con i vostri alti e bassi energetici durante la giornata: quando vi sentite giù rallentate o fermatevi anche solo per qualche minuto, non forzatevi, sono momenti di limbo; programmate del tempo di transizione in modo da non dover passare all'istante da una situazione alla successiva (appuntamenti, attività, incontri...);
- analizzate il momento della vostra vita in cui vi trovate. Potreste stare attraversando una fase di transizione perché state uscendo da una situazione finita per entrare in una nuova storia, o lavoro, o vi avvicinate alla menopausa, o state portando a termine un grande progetto;
- focalizzatevi sui tempi di mezzo del ciclo: notate qual è per voi il momento più intenso, difficile, piacevole, potente e buttatevi senza riserve, senza distrazioni né paure. Abbandonatevi alle sue profondità, fate del vostro meglio e sicuramente ciò avrà un effetto positivo;
- scrivete quello che scoprite. Che cosa avviene, che cosa si rivela a voi se fate come suggerisco? Se trovate difficile fermarvi, cercate di capire cosa vi blocca impedendovi di entrare in quegli spazi di sogno;
- le mestruazioni sono un momento liminale particolarmente intenso in cui idee ed ispirazioni creative scorrono liberamente. È però assolutamente necessario fermarsi e permettere che questa porta di ispirazione si possa aprire davvero.

9 – INTUIZIONE, ISPIRAZIONE E NUOVE SOLUZIONI

A cosa prestare attenzione

Le mestruazioni sono un momento di elevata intuizione che, col tempo, può maturare in una capacità intuitiva sempre più disponibile e pronta all'uso. Piuttosto che di un'improvvisa realizzazione, si tratta di un tipo di intuizione sostenuta e sentita profondamente, in particolare durante e dopo la menopausa. Più riuscite a sintonizzarvi con il ciclo e lasciate che vi educhi, più questo naturale acume intuitivo si rafforzerà e più sarete in grado di fidarvi e utilizzarlo.

L'intuizione è una forma di conoscenza che emerge quando si riesce ad ignorare i normali percorsi razionali. Si sa senza sapere perché, tutto il proprio essere risuona con quello che si sa confermandone l'esattezza. Non tutte le intuizioni tuttavia sono oro colato, è importante riconoscere la vera intuizione dal desiderio che le cose vadano in un certo modo. L'intuizione deriva da uno stato dell'essere: essere presenti, curarsi del ritmo degli avvenimenti sia grandi che piccoli e coltivare silenzio e fermezza interiori. Il processo di sintonizzazione con il ciclo accresce le capacità intuitive: per sintonizzarci dobbiamo imparare a riconoscere e cavalcare le nostre mutevoli onde di energia ed umore durante tutto il mese. Quando sperimentiamo la naturale purificazione e l'abbandono che avvengono con il mestruo, lo spazio interiore si espande e vi trovano posto quiete ed immobilità. La repressione della capacità mestruale rema contro la facoltà intuitiva innata in ognuna e può portare come risultato dolorosi sintomi premestruali.

Il ciclo è un sistema interno di guida e di riferimento: attraverso i suoi movimenti si sperimentano diversi stati dell'essere che mettono in evidenza il mondo interiore di ogni donna, donano preziose informazioni sulla strada che si sta percorrendo nella vita e indicano una via verso il benessere. Creare un contatto con il ciclo come moto interno, risveglia

sia i sensi che l'intelligenza emotiva. Seguirne il movimento che porta in profondità dentro noi stesse diventa un atto d'amore che garantisce maggiore capacità intuitiva e la possibilità di lasciarsi guidare. È un processo che permette di arrivare a riconoscere il significato nascosto.
Se consapevolmente riconosciute e valorizzate, le mestruazioni diventano una meravigliosa apertura alle profondità del sentire, dell'immaginazione e dello spirito, che si manifesteranno in modi e tempi diversi a seconda della vostra particolare natura e della vostra vocazione. Le abilità psichiche e la forte intuizione che ne risultano vi permetteranno di accedere a risorse più profonde di guida e saggezza per la vostra vita.
Sfortunatamente il significato e la direzione della propria vita non si comprano al supermercato, si rivelano seguendo percorsi misteriosi a patto di riuscire a creare uno spazio in cui possano manifestarsi. La fase premestruale è un processo di disfacimento e chiarimento che ci permette di sentire la presenza della grazia, delle infinite possibilità che abbiamo a disposizione e di conoscere fino in fondo chi siamo. La mestruazione è un momento speciale che porta ad un allineamento profondo denso di significato, contiene in sé tutte le potenzialità per affrontare qualcosa di più grande. Più si riesce a seguire l'intera esperienza del ciclo e più si assaporeranno queste opportunità.
Conoscerete una grazia che si farà dolcemente strada nelle vostre vite, per ognuna in modo leggermente differente, ma col tempo il suo effetto sarà innegabile per tutte.

Che cosa fare per prendersi cura di Sé

Questo mese vi focalizzerete sul vostro nutrimento fisico e psicologico, in prossimità delle mestruazioni come durante il resto del ciclo. Assicuratevi che la dieta sia particolarmente ricca e varia: molte foglie verdi (potete centrifugarle, aggiungendo magari una carota per addolcirne il sapore), germogli di soia o altri legumi, cereali, cibi fermentati come i crauti e lo yogurt (se possibile biologici e non zuccherati), tè all'ortica (quest'ultima è una potente alleata delle donne, ricchissima di minerali), frutta secca con guscio e semi di lino, zucca e girasole.
Godetevi l'alleato sonno, specialmente se di solito dormite in modo disordinato. Almeno per questo mese prestate particolare attenzione al sonno e stabilite un buon ritmo, sono certa che ci prenderete gusto. Se avete figli piccoli e vi svegliate spesso di notte la sfida sarà ancora maggiore: approfittate dei loro pisolini pomeridiani per riposarvi un po' anche voi, anziché finire tutti i lavori arretrati!

Alla ricerca di significati

Cercate di approfondire che cosa è importante e significativo per voi, qual è il senso della vostra vita, anche se a volte significa accorgersi che non è ancora del tutto chiaro. Che cosa vi dona una sensazione di pienezza? Quali sono le situazioni in cui non trovate alcun senso? Quand'è che vi sentite veramente vive e tutto sembra andare liscio? Che cosa vi dicono quei momenti di rivelazione sul senso della vostra vita e sul vostro ruolo nel mondo?
Quando vi avvicinate al premestruo impegnatevi a lasciare andare ciò che siete o quello che credete di essere. Potrete riconoscere il momento giusto per farlo: sarà esattamente quando comincerete a piacervi di meno! Al primo attacco del critico interiore, che insinua il dubbio, alimenta l'ansia o la rabbia, cercate di lasciarvi andare, permettetevi di sentire la disperazione, il vuoto, l'inutilità o altro e vedete dove vi porta, senza abbandonarvi a pratiche distruttive per voi stesse e gli altri. Le mestruazioni sono un attimo di risveglio, rispetto all'intorpidimento della realtà condivisa, utile a riscoprire le proprie verità. Ascoltate il modo in cui vi parlano, sono la voce del divino che vuole comunicare con voi! Prendetevi del tempo per annotare nel diario le risposte a queste domande:

- che cosa si risveglia in te durante la transizione verso il mestruo e mentre sanguini?
- a che cosa ti senti chiamata? Non giudicare quello che senti e scrivi liberamente.

Custodisci queste idee dentro di te per le prossime settimane e lascia che si chiariscano e che prendano forma; prestaci particolare attenzione nei momenti di limbo.

Praticare il "sanguinarci sopra"

Se c'è una questione che volete risolvere, anziché dormirci sopra, vi consiglio di sanguinarci sopra! Il vostro ciclo mestruale è un contenitore di tempo di incubazione e l'arrivo del sangue vi apre a ricevere indicazioni di orientamento da parte del vostro essere profondo. Ripeto che non si tratta di sforzarsi di pensare ad una soluzione, quanto piuttosto di restare morbide e lasciare che sia la soluzione a rivelarsi. La combinazione tra sogno, attesa e osservazione permette a qualcosa di molto potente di sorgere da dentro, senza che questa rivelazione venga forzata in alcun modo. A volte sono necessari più mesi per aprirsi ad un importante cambiamento, perché ad ogni ciclo si aggiungerà un ulteriore strato di comprensione e chiarezza. Non sarebbe magnifico se

andando dal medico per discutere sui sintomi della SPM, ci venisse data una ricetta con su scritto: riposo, sonno e molti sogni. Mettiti sotto le coperte, sanguina e continua a sognare!
Potete usare questo metodo per:

- avere più chiarezza riguardo ad una situazione;
- cercare significato e orientamento in generale;
- trovare le risposte alle domande della vita.

Il lavoro si suddivide in tre parti:

- fissare l'intenzione;
- osservare, raccogliere e incubare;
- rallentare, lasciare andare, svuotarsi (mestruazione) e restare aperte a ricevere.

1. Fissare l'intenzione

Dichiarate chiaramente a voce alta il problema o il tema su cui avete bisogno di chiarimenti, come se fosse una dichiarazione all'universo. Può essere una frase semplice oppure grandiosa, se possibile è meglio formularla all'inizio del ciclo in modo da avere tutto il mese per lasciarla sedimentare, specialmente se state affrontando dei grandi cambiamenti. È possibile creare anche uno spazio rituale, magari accendendo una candela e iniziando con una meditazione.

2. Osservare, raccogliere, incubare

Una volta fatta la dichiarazione non cercate più di trovare la soluzione al problema: lasciate andare. Mentre continuate la vostra vita di ogni giorno, prestate attenzione al livello sottile, osservate i segnali che sorgono da dentro di voi (sensazioni, sogni) così come quelli esteriori. Immaginate che il Mondo vi stia parlando.
Non è necessario concentrarsi troppo, anzi è meglio dimenticare un po'. Il vostro sguardo dovrà essere indiretto, un insieme di sentire e vedere. Registrate dentro di voi i segnali che percepite e se siete impazienti di ricevere una risposta, tenete a mente che c'è ancora tempo. La fretta vi potrebbe portare a interrompere il processo che altrimenti vi condurrà alla chiarezza che cercate.

3. Rallentare, lasciar andare, svuotarsi (mestruazione) e restare aperte a ricevere

Quando vi avvicinate alla mestruazione, rallentate, fate meno e abbandonate la consueta tendenza a voler fare tutto come negli altri giorni. Muovetevi seguendo un ritmo che sia accomodante rispetto ai cambiamenti del vostro corpo e, quando sanguinate, donatevi uno spazio in cui non fate assolutamente nulla e riposate. In questi momenti, apritevi ad ascoltare quello che emerge in voi: che sia un'intuizione, una scos-

sa energetica o un quieto e sottile sapere.
Il terzo e quarto giorno potrebbero essere particolarmente illuminanti; per cogliere questo momento è necessario restare in stretto contatto con se stesse senza perdersi nel quotidiano. È evidente che non tutte le responsabilità possono essere ignorate, ma è di vitale importanza rivendicare dello spazio per sé, per quanto minimo.
È possibile che nel premestruo la voce interiore che non accetta falsità e menzogne emerga per darvi delle istruzioni precise. Se volete potete metterle subito in pratica, anche se è buona norma custodire questo potente spirito fino ad averci sanguinato sopra, per lasciare che l'idea maturi.

10 – INTIMITÀ E RELAZIONI

Uno spazio di unione

In ultima analisi il lavoro sul ciclo è incentrato sulle relazioni: entrare in rapporto con se stesse e con il Mondo. È la via per entrare in intimità con la Vita in tutta la sua maestosità. Le mestruazioni sono un portale verso il grande mistero, l'ignoto, l'immanente presenza del Femminile. L'esperienza mestruale ci svela, il senso di separazione si dissolve. È una straordinaria benedizione.

Siamo giunte al cuore di quello che io considero il vero potere delle mestruazioni: la capacità di assaporare un'eccezionale intimità. Sentire sulla nostra pelle la meravigliosa carezza del più delicato dei pennelli, godere della sua magnificenza, respirarla e lasciarsi toccare. L'intimità di cui parlo è una presenza al momento, un'attenzione al particolare, come quando cadono tutte le difese e in un attimo si conosce e si è conosciute. Si entra nel santuario interiore, nel *sancta sanctorum* in cui il piccolo sé scompare e si sperimenta un'unione profonda con tutto ciò che è. Un momento di amore e beatitudine. Se avete una relazione amorosa, sperimentare l'intimità può essere una grande opportunità per entrare in uno spazio di unione più profonda e vera con il vostro compagno.

Ho cominciato a notare questa acuta intimità solo dopo i quarant'anni, e non tutti i mesi avevano la stessa intensità. Alcuni erano straordinari, altri più ordinari, ma anche in quelli, nelle ore precedenti il sangue, c'era qualcosa di distintivo. Prima di allora, se ben ricordo, cominciavo ad essere inquieta, incapace di concentrarmi e a volermi allontanare dalla gente. Un volta rimasta sola però, mi sentivo vuota e perduta. Più avanti negli anni scoprii che quel momento conteneva dell'altro; mi sentivo portare via dalla vita normale per entrare in un silenzio perenne, un senso di stupore e meraviglia che mi toglieva il fiato; mi

sentivo teneramente dolce e colma di amore, era un momento rivelatorio. Era una sensazione totalmente diversa dall'estasi che provavo con la comparsa del sangue.
Il poeta David Whyte parla della poesia come di un "rapimento verso la rivelazione". Mi sono resa conto che questo è quello che succede con le mestruazioni: veniamo rapite per ricevere la rivelazione. Il subbuglio premestruale serve ad allontanarci da ciò che è mondano e renderci morbide in modo da poter ricevere la rivelazione quando, con il sangue, le porte della percezione vengono spalancate.
La fase di dolce beatitudine appena prima della mestruazione mi colpì per la sua sottile delicatezza. Non potevo forzarne né programmarne la presenza, solo corteggiarla. Se le condizioni erano favorevoli compariva, altrimenti la perdevo; non ero affatto sicura di quali fossero le giuste condizioni! Cominciai a parlarne con altre donne, perché non ho creduto nemmeno per un minuto che fosse una cosa che succedeva solo a me. Sapevo allora come so adesso che si tratta di una potenzialità che si svela ad ogni donna al momento della mestruazione, se è interessata a scoprirla.
Dunque, quali sono le condizioni affinché questa esperienza avvenga? Sfortunatamente non posso darvi la ricetta esatta, e se lo facessi vi toglierei molto di quello che tutte voi andate scoprendo. Credo però che il lavoro che state facendo con questo libro sia il modo migliore di avvicinarvi a questo "luogo".

A cosa prestare attenzione

In questi giorni vi consiglio di evitare tecniche d'urto, discipline molto dure e anche capanne sudatorie o saune; magari funzionano per gli uomini, ma per le donne rappresentano un ostacolo sulla via verso l'ingresso nel santuario interiore. Questo lavoro di intimità richiede un'estrema sottigliezza nel sentire, una profonda nudità e apertura verso di sé e verso gli altri oltre a una grande dose di auto-accettazione. Anche se desideriamo l'intimità più di ogni altra cosa, di solito tendiamo ad evitarla, perché sentirsi nude è la sfida più grande.
Questa intimità non è più soltanto una questione privata, ma diviene un profondo legame con il tutto; è l'ingrediente segreto per lo sviluppo della "coscienza partecipatoria", un livello di coscienza in grado di comprendere che siamo tutti legati e interdipendenti.
I vostri cambiamenti di umore e di energia durante il ciclo includeranno anche diverse intensità di desiderio sessuale. Parlando in generale noterete che esistono due momenti particolarmente intensi sessual-

mente, che sono l'ovulazione (momento in cui la Natura si garantisce la continuazione della specie) e la mestruazione. Alcune donne nella fase mestruale si sentono eccezionalmente sexy e provocanti, e si godono una sessualità priva di vergogna e sensi di colpa. Siate curiose di come cambiano i vostri impulsi sessuali nel corso del ciclo e assecondateli, sia che abbiate una relazione sia che siate sole.

Che cosa fare per prendersi cura di Sé

Per tutto il mese rinunciate a caffè, tè, alcolici o altro. Mi rendo conto che è più facile a dirsi che a farsi, quindi mettetelo in pratica come potete. Forse riuscirete a farne senza, oppure a ridurne l'uso o perlomeno a non esagerare almeno in prossimità del sangue. Nel premestruo il desiderio di zuccheri può essere altissimo, ma, se avete prestato attenzione all'alimentazione, con ogni probabilità non avrete più "le voglie". Lavorate nuovamente con l'alleato santuario, trovate un ambiente speciale in cui potervi lasciare andare esprimendo completamente voi stessa. Mettete da parte i 'dovrei' e tutte le aspettative che avete riguardo a quello che volete fare o ottenere, anche da questo percorso. Privilegiate le mestruazioni sopra ogni altra cosa!

Aumentare l'auto-accettazione

Per poter sviluppare intimità e relazioni c'è bisogno di auto-accettazione. In che modo puoi essere amorevole con te stessa e accettarti di più in questo mese? Che gesto gentile puoi regalarti? Quando ti scopri ad essere severa, esigente o eccessivamente critica con te stessa? Impegnati a lasciare andare almeno uno di questi atteggiamenti, perdonati. Tieni le antenne dritte per individuare i pensieri subdoli di disistima, poi lasciali andare. Un buon metodo è quello di sostituirli con un'affermazione positiva, come ad esempio invece del solito "che stupida" o "ho sbagliato tutto" prova a dire "dai che va bene, sei grande!". Anche se non ci credete fatelo comunque, divertitevi un po'. A volte siamo così "cattive" con noi stesse che se fosse un altro a trattarci così resteremmo inorridite.
Trovate qualcosa di non troppo difficile e fatelo!

Creare spazio per la rivelazione

Prendete nota sul diario i giorni in cui dovrebbero venire le mestruazioni e cercate di ridurre gli impegni. Mantenete un'attenzione costante al momento in cui sta per scendere il sangue: lo riconoscerete. Lasciate perdere tutto e fate solo l'indispensabile. Muovetevi al ritmo del corpo e non della mente e prendetevi del tempo per oziare. Le chiavi necessarie per entrare in questa zona di beatitudine sono stare ferme e non interagire con l'esterno.

Creare il santuario per la relazione

Le relazioni hanno bisogno di uno spazio sacro. Se avete una relazione amorosa pensate a come potreste rafforzare l'elemento santuario. Meditate su questa parola, parlatene con il partner, lasciate che ne esca qualcosa di originale da fare concretamente per portare nutrimento alla vostra relazione. È importante che il vostro compagno apprezzi la natura ciclica e che sia a proprio agio con essa. Gli ingredienti più importanti sono la tenerezza e la chiarezza dei confini, che cosa vi sta bene e cosa no. Ricorrete a tutto il lavoro che avete fatto finora.
Dite al vostro compagno come vi sentite, come vi piacerebbe vivere le mestruazioni e in che modo lui potrebbe esservi d'aiuto. Usate il ciclo come mezzo per avvicinarvi ulteriormente, non come alibi per allontanarvi. È una danza delicata, quindi vi ripeto ancora una volta di non forzare nulla e di rallentare. Avete entrambi bisogno di tempo e spazio per stare insieme, ecco tutto.

Riflettere sulla relazione

La natura mutevole del ciclo vi apre a diverse esperienze e a nuovi modi di conoscere. Siete esperte nell'arte del cambiamento e quindi nell'arte di ridefinirvi e negoziare il rapporto che avete con gli altri e con voi stesse. Questo movimento costante diviene un importante maestro nella danza della relazione. Siete più consapevoli adesso di questa danza - dei momenti in cui vi sentite protese verso il mondo, di quelli in cui invece desiderate ritirarvi in voi stesse? Siete capaci di assecondare questa danza senza giudicarvi asociali o egoiste? Criticarvi pesantemente non aiuta lo sviluppo della saggezza. Rileggete i vostri appunti dei mesi passati e riflettete sulle seguenti domande.
Che cosa hai imparato finora sul ciclo e la relazione?
Che cosa noti della qualità della tua interazione con gli altri nel corso del mese?
Che cosa ti insegna il ciclo sul tuo rapporto con te stessa e con gli altri?
Quali segnali indicano che ti trovi in un momento di alta sensibilità o vulnerabilità? (Ad esempio un senso di sopraffazione, bisogno di ritirarsi, estrema reattività, immobilità, lacrime, sonno, pesantezza, sogni importanti, sensibilità).
Solitamente come ti comporti?

Come ti piacerebbe agire?
Come potresti esaudire una piccola parte dei tuoi desideri?
Prova a considerare sacro questo momento e non dire che è un problema o una debolezza: noti un cambiamento?
Che cosa senti quando entri nel tuo spazio sacro e lo onori come tale anziché pensare solo di dover sopravvivere ad un momentaccio?

11 – INIZIAZIONE, ESTASI E SCIAMANESIMO

A cosa prestare attenzione

Da sempre, all'interno della donna, ha luogo l'iniziazione, cioè il processo di induzione verso stati di coscienza elevati; ricercarla all'esterno non ha senso. È un'esperienza che durante gli anni fertili si incarna profondamente nel corpo femminile in una continua morte e rinascita psichica. Se la comprensione di questa iniziazione viene a mancare, allora l'opportunità di illuminazione risulta quantomeno indebolita, se non persa del tutto, e la donna potrebbe vivere una condizione di disagio e sofferenza. Le tappe iniziatiche principali sono il menarca, la gravidanza, il parto e la menopausa, ma anche la mestruazione mensile è un'iniziazione.

Il ciclo è un processo archetipico di morte e rinascita. L'angoscia premestruale rivela la nostra resistenza alla sensazione di venire disfatte, smantellate e la mestruazione è fonte di una straordinaria tensione creativa tra la morte/oscurità e la rivelazione del ritorno alla vita/luce. Il menarca e la menopausa rappresentano due versioni amplificate di questa stessa dinamica e dare alla luce è un'iniziazione unica poiché la vita e la morte non sono più soltanto metaforiche. Il parto, infatti, pur con tutti gli aiuti resi disponibili dalla medicina moderna, non è privo di rischio né per la madre né per il bambino. La donna inoltre si trasforma inevitabilmente lasciando morire il suo vecchio ruolo ed entrando in una nuova immagine di se stessa come madre.

Lo sciamanesimo è un modo di capire e lavorare con il mondo che esula dalla normale realtà consensuale. Lo sciamano ha accesso agli stati alterati di coscienza al fine di operare magie e guarigioni. Ogni lezione affrontata in questo libro è stato uno studio sugli stati alterati, per imparare a rafforzare l'intelligenza intuitiva ed istintuale, ed integrarla nella vita di ogni giorno. Nel nostro lavoro finora ci siamo focalizzate sull'ascolto interiore per prestare attenzione e attribuire il rispetto che meri-

tano alle esperienze significative, anche se non sono di immediata comprensione. Questo ci permette di entrare nei naturali stati alterati che si vivono durante il mestruo: è senz'altro una forma di sciamanesimo.
L'estasi è un elemento chiave nello sciamanesimo ed è una condizione a cui le donne, quando sanguinano, hanno accesso naturalmente. Mircea Eliade considera lo sciamano l'estatico di professione; è curioso tuttavia che nei suoi scritti le donne non vengano menzionate se non come gentile ausilio dell'uomo. Ci sono voluti molti anni perché questo concetto venisse messo in crisi e rivisto. L'antropologa Barbara Tedlock scrive: "La maggior parte degli apprendisti sciamani ha seguito la concezione maschile di Mircea Eliade intraprendendo sentieri di iniziazione come ad esempio lo smembramento, l'eviscerazione e altri atti di morte simbolica ritenuti necessari per giungere alla rinascita".
La Tedlock spiega anche come i sentieri femminili verso lo sciamanesimo siano più spirituali e interpersonali che eroici ed individualisti; io aggiungerei anche intimi. Una donna nel suo percorso sciamanico riceve il richiamo durante il menarca o la gravidanza e poi rinasce simbolicamente alla sua nuova professione. Non solo il menarca, ma ogni singola mestruazione è una grande possibilità di apertura alla propria vocazione. La dinamica ciclica, il cambiamento stesso di energia ed umore mensile, portano la donna a sviluppare le qualità che vengono richieste dalla scuola sciamanica e la mestruazione è il momento ideale per avvicinarsi al lavoro in trance.
Nella tradizione pellerossa gli uomini si sottopongono regolarmente al rito della capanna sudatoria di purificazione per "mantenere attivi i propri poteri"; per le donne sono le mestruazioni il mezzo di purificazione che "mantiene efficace la loro medicina", un processo naturale che non dev'essere indotto né forzato.
Anche se non vi vedete come sciamane e non siete interessate a certe pratiche, siete comunque benedette da una naturale tendenza a sperimentare realtà più profonde, una vera fonte di potere, che vi può permettere di essere più forti ed efficaci in ogni campo.
Le popolazioni indigene considerano da sempre le mestruazioni come un momento di visione e profezia; nell'America del nord ad esempio, la donna, durante quei giorni, riceveva delle visioni per il bene di tutta la sua gente. Io credo che spesso i disturbi mestruali siano una forma di rivelazione nascente che ancora non sapete come interpretare. A volte si hanno visioni precise, oppure una netta sensazione di ciò che deve essere fatto. Se le donne smettessero di "sopportare" questo disagio e di imbottirsi di farmaci per "curare" il disturbo, si preparerebbero

ad attuare un importante atto sciamanico di guarigione per il mondo intero: direbbero più spesso di no a certe pratiche dannose alla salute dell'anima. Ricordate che ogni più piccolo cambiamento che operate per il bene del vostro mondo fa un'enorme differenza, quindi lasciatevi ispirare dai vostri sintomi e cominciate ad agire in modo diverso!

Che cosa fare per prendersi cura di Sé

Il vostro alleato del mese è il sostegno; tutti ne hanno bisogno e chiedere aiuto non è segno di debolezza, anzi, denota una persona sensibile. Sostegno vuol dire anche delegare: praticate quest'arte, necessaria per garantirvi lo spazio e il tempo in cui coltivare i poteri della consapevolezza ciclica. Lasciate che gli altri vi sostituiscano in qualcosa; anche se non verrà fatta esattamente nel modo in cui l'avreste eseguita voi, vi concederete una grande opportunità per imparare a ricevere senza dover tenere sempre tutto sotto controllo. Per amplificare lo stato di trance, state il più possibile alla larga dalla tecnologia (computer, cellulari, tv) in modo da ridurre le radiazioni elettromagnetiche. Siete già naturalmente cariche e le radiazioni confondono le vostre antenne psichiche. Evitate anche i profumi e le sostanze chimiche, come detersivi forti, solventi e shampoo molto profumati; rinunciate anche agli oli essenziali, questo mese restate più pulite che potete.

Chiedere una visione

Forse avete già avuto una visione profetica o un sogno premonitore, ma se non vi è ancora successo questo mese potete chiederne uno. La sera prima di addormentarvi e al mattino appena sveglie, chiedete di ricevere un messaggio che vi porti ispirazione e chiarezza, e restate in ascolto, ricordando che non verrà necessariamente di notte, ma potrebbe trattarsi di una rivelazione che si svela lentamente dentro di voi. I momenti cruciali come sapete sono i giorni prima, durante e subito dopo il sangue.

Lavorare con la trance

Se di solito prima del mestruo siete annebbiate, confuse, distratte o avete dei piccoli incidenti irritanti considerate questo periodo come uno stato di trance. Rallentate, assecondate il ritmo del vostro corpo e concedetevi di avere la testa fra le nuvole. Noterete di avere una consapevolezza a 360 gradi, vi sentirete apertissime: se è così, rilassatevi in questa condizione di preveggenza. Io sento spesso la presenza di una forza sconosciuta e mi abbandono per fare spazio a quello che di solito la mia mente concentrata e precisa tiene sotto controllo, impedendogli di rivelarsi. È delizioso! Fatelo anche quando sanguinate, ha lo stesso effetto.

12 – TEMPO, TEMPISMO E TEMPESTIVITÀ

Oltre il limite

I limiti che ci vengono imposti dai ritmi di vita si rivelano essere le fondamenta della vita stessa. Essi rappresentano un crogiolo in cui il nostro ego si trova costretto ad affrontare qualcosa. Al nostro ego questo non piace perché si sente a volte sollecitato, a volte bloccato. In principio il limite verrà percepito come un ostacolo: a chi è che piace che le cose non vadano per il proprio verso? Ma come un bambino che per crescere bene, ha bisogno di limiti, così il nostro ego per maturare necessita di confini. Il granello di sabbia aiuta l'ostrica a far nascere la perla: allo stesso modo l'irritazione causata dal limite costituisce un'apertura verso qualcosa di completamente nuovo e più ricco.
Il ciclo mestruale ci ricorda che c'è un momento per seminare e uno per raccogliere. Un momento in cui è giusto incalzare, uno per ritirarsi, un tempo per l'attività e uno per il riposo. Questo concetto appare piuttosto datato oggi che abbiamo sempre tutto a disposizione e ci viene chiesto di essere operativi 24 ore al giorno, tutti i giorni dell'anno. Questo ritmo insostenibile è diventato un incubo per il nostro organismo, per l'anima e per il pianeta.
I cambiamenti nelle stagioni del grembo sono quelli che lo mantengono in buona salute; quando si cauterizza o ignora una parte del ciclo si danneggia il sistema di generazione e rigenerazione. Ciò vale per tutti i ritmi. La distruzione dell'ambiente naturale è causata dall'alta velocità delle nostre vite che tende a dominare la natura, anziché rispettarla. Mi piace pensare che quando le mestruazioni ci fanno rallentare, anche la natura abbia la possibilità di riprendere fiato. Nell'antichità ad esempio si lasciava riposare la terra fra un raccolto e l'altro; le coltivazioni seguivano a rotazione e i campi a turno venivano lasciati incolti. Si riteneva che le necessità della terra di rigenerarsi fossero più importanti, a lungo

termine, della perdita di produzione per quell'anno. Oggi invece imponiamo anche al terreno i nostri ritmi avvelenandolo costantemente con centinaia di pesticidi, proprio come intossichiamo il nostro corpo con caffè, zucchero e droghe per tenerci su ed essere sempre attivi al cento per cento. Come depauperiamo la terra, finiremo per deprivare anche noi stessi di ogni vitalità fisica e creativa.
Oltre il riposo il mondo ci chiede qualcosa in più: sollecita il bisogno di ripristinare la sacralità e il potere delle donne. Ricordate che sanguinare è il nostro sabbath, il giorno sacro in cui ci si reca nei luoghi santi a pregare, ringraziare e porgere offerte agli dei. Abbiamo dimenticato che i nostri corpi sono porte d'accesso al sacro, relegando ogni comunicazione con il divino alle grandi istituzioni. Se tutte le donne insieme usassero il mestruo come un tempo sacro potremmo rilasciare enormi quantità di forze psichiche.
In alcune società, come quella degli aborigeni australiani, si credeva che se le donne avessero sanguinato tutte contemporaneamente, il mondo sarebbe stato sommerso dalle acque e finito per sempre (Shuttle and Redgrove, 1995). Che potere! Non c'è da meravigliarsi se qualche uomo storce il naso quando sente nominare le mestruazioni. Il rifiuto del ciclo è una dichiarazione di guerra al nostro corpo e quindi a noi stesse. Troppa energia compressa. Accettare e comprendere il ciclo libera quell'energia, aprendoci al potere e al mondo.
Sospetto che il potere mestruale collettivo si ribellerebbe contro quel mostro consumista economico e razionalista che riduce il senso della vita alla dichiarazione dei redditi, e considera gli umani nient'altro che creature robotiche, tutte allineate per ottimizzarne il rendimento. Tenendo tutto sotto controllo in questo modo, l'anima ci rimetterà sempre. Il sacro risponde, la terra si ribella. Più tentiamo di imporre l'efficienza a scapito delle qualità umane e dei sistemi naturali e più provochiamo sofferenza, confusione e degrado ambientale. La nostra cosiddetta efficienza assomiglia di più ad un interminabile processo distruttivo dovuto all'incoscienza di una progettazione priva di anima. La conoscenza dei profondi poteri di trasformazione del femminile rende possibile tollerare l'incubo che si sta verificando sul nostro pianeta. Questa conoscenza rende umile l'ego che, nella sua determinazione a servire solo se stesso, ironicamente si sta garantendo l'autodistruzione.

A cosa prestare attenzione

Il tempismo è un'arte, consente alle cose di rivelarsi, di avvertirne la tempestività; permette al tempo di plasmarci. Lavorando con il concetto di tempo e tempismo si onorano forze più grandi di noi, uscendo per un attimo dalla ristretta concezione che l'ego ha del mondo. Queste energie più grandi sono la comunità, il pianeta e le forze dello spirito con cui bisogna collaborare.

Il tempismo insegna a sentire e fidarsi delle ineffabili forze della vita, e a fidarsi anche della propria capacità di leggerle. Significa confidare nell'intuizione e nella percezione e, soprattutto, rispettare le proprie esitazioni "inspiegabili" anziché giudicarsi pigre o procrastinatrici. Il giudizio non fa altro che scavare ulteriormente il buco dell'inerzia e ci isola dalla saggezza che si nasconde dietro l'esitazione. Se non mi decido ad agire, il senso della mia inazione può avere significati diversi: non voglio farlo e il mio essere profondo mi sta dicendo "cambia strada"; ho paura e mi rispetto senza forzarmi; sto ricevendo delle informazioni su quanto sono o non sono preparata; oppure semplicemente non è il momento giusto e il mio essere comprende la presenza di altre forze, tuttora sconosciute, che sono all'opera. Quest'ultima possibilità si è dimostrata vera così tante volte che ormai, quando sono bloccata, mi sento quasi affascinata da quello che potrebbe nascondere: la rispetto e aspetto.

Il tempismo personale, quello mondiale e quello spirituale sono parte di una danza misteriosa. Lo scrittore Kurt Vonnegut una volta scrisse che avere delle istruzioni di viaggio bizzarre é come ricevere una lezione di ballo da Dio. Mi piace considerare gli alti e i bassi della vita come lezioni di danza impartite da Dio e dalla Dea. Immaginate di essere condotte in qualche luogo in cui si rivela un segreto che, per essere compreso, richiede un talento che va oltre la ragione. La tensione che si crea quando l'ego è frustrato perché le cose non vanno come vorrebbe è un'opportunità creativa di evoluzione, non solo un blocco stradale.

Che cosa fare per prendersi cura di Sé

Per questo mese il vostro alleato sarà la serenità: essa vi permette una certa equanimità lasciandovi a vostro agio con le situazioni che vivete, per poter sentire meglio il Mondo, le correnti più grandi che sono all'opera e richiedono la vostra collaborazione. Prendervi cura di voi durante il mestruo in modo spontaneo, evitate una programmazione. Se sentite che ci sono altre migliorie da apportare al vostro benessere psicofisico, aggiungetele al lavoro precedente.

Seguire il flusso interiore

Durante tutto il mese assecondate i momenti in cui siete esitanti o tendete a ritirarvi: siate curiose e rispettate la vostra esitazione, anziché criticarvi se non passate subito all'azione. Accettate la vostra inclinazione e state a guardare come va: immaginate che dietro all'incertezza ci sia la vostra saggezza all'opera. A volte è necessario sforzarsi un po', "sentire la paura ma farlo lo stesso" come dice Susan Jeffers nell'omonimo libro. Ci serve però anche un altro libro intitolato "Feel the fear and don't do it because it's possible something much more interesting is trying to unfold for which you don't have the full information yet and you could go off half coocked"[1]! Apprezzate gli sbalzi di umore e di energia durante il ciclo: se sentite il bisogno di fare qualcosa, fatelo. Allo stesso modo, se sentite che il flusso manca o si ritira, non forzate nulla e godetevi l'attesa.

Riflessioni

Riflettete sulle seguenti domande e se volete scrivete le risposte sul quaderno:
È stato facile? Ti sei giudicata?
Che cosa è emerso?
Ora come ti senti? Sei a tuo agio con te stessa?
Hai sperimentato, se pur brevemente, il tempismo o la tempestività?
Nel corso di questi mesi, che cosa hai notato? In che modo il progredire del tempo e l'attenzione hanno cambiato la tua esperienza di te e la priorità dei tuoi obiettivi?

1. "Senti la paura e non fare niente perché può darsi che ci sia qualcosa di ancor più interessante che sta emergendo e che ancora non conosci quindi sarebbe come uscire dal forno cotta solo per metà".

13 – INCARNARE LA SAGGEZZA

A cosa prestare attenzione

Il ciclo mestruale è un elemento fondamentale del processo di maturazione della vostra saggezza, un mezzo per ripristinare una consapevolezza più vasta e per sviluppare un senso di profonda unità con il Mondo. Robert Sardello spiega la crisi di mezza età come una richiesta di consapevolezza: ad ognuno viene chiesto di divenire "la coscienza del mondo, anziché un insieme di individui che si accorgono del mondo solo filtrandolo attraverso i propri bisogni e desideri". Con il mestruo succede la stessa cosa: ogni mese ci viene somministrata una sorta di dose omeopatica di consapevolezza del nostro essere nel Mondo. Con la menopausa la dose si intensifica. Questa è saggezza in azione.

Il ritmo accompagna il vostro passaggio verso la saggezza. Questa oscillazione tra espansione e contrazione, assertività ed esitazione, ego che affronta coraggiosamente l'esterno per poi ritirarsi, tesse l'unione fra voi e il Mondo. Starhawk, insegnante spirituale e nota femminista, ci rammenta che "la vita espande, mentre la morte impone dei limiti. Quando entrambe queste forze sono in equilibrio, può coesistere una ricca varietà di forme di vita". Questa è saggezza.

La saggezza è anche la presenza del Femminile che, se non cercate di controllarla e reprimerla, si fa conoscere via via nel quotidiano. Quando vi lasciate commuovere, la sentite; se vi lasciate trasformare dalle vicissitudini della vita, lei ha la possibilità di manifestarsi. Ogni volta che vi permettete di aprirvi un po' di più, lei si può mostrare. Il suo canto è una straordinaria intimità, tuttavia annuncia la propria presenza facendoci sentire confuse e a disagio. Troppo spesso si riduce a questo tutto il femminile, e per la verità anche le donne: né il femminile né le donne rappresentano confusione e guai. È vero però che lasciare andare il controllo sembra portare confusione, confusione generata dalla difficoltà di gestire una forza sconosciuta che non si lascia intimorire, definire o controllare. Il caos è il segnale della sua potenziale presenza, quindi non andate via!

Per reintegrare il femminile represso ci vorrà qualche sforzo e la volontà di mettersi a nudo e affrontare il sacrificio. Ci vuole molto coraggio per oltrepassare questa soglia: è un atto di irremovibile discernimento. L'autodeterminazione sarà il vostro alleato più prezioso per riuscire ad incarnare appieno il vostro potere e la vostra saggezza.

Giungete al punto in cui il mondo è finalmente dentro di voi, vi sentite radicate in qualcosa di molto grande e importante, che rappresenterà per sempre una guida e fonte di ispirazione. Siete in grado di agire con chiarezza ed onestà, saggezza e grazia (senza preoccuparvi troppo per le opinioni altrui), di restare fedeli al vostro sentire e di non farvi incantare né sedurre facilmente. Come siete arrivate fin qui? Vivendo, amando, impegnandovi, osservando e ripercorrendo il cerchio ogni mese per toccare il mondo invisibile e poi riemergere, senza vergognarvi di essere messe a nudo e senza temere le sfide.

Ogni volta che vi immergete nel mondo sotterraneo dovete affrontare il lato oscuro del Femminile, quello che ha a che fare con la morte. Se si intende conoscerlo nella sua profondità è assolutamente necessario sperimentare anche la sua forza distruttiva: se tentate di combatterla vi ridurrà a brandelli, lasciandovi sconfitte e stremate. Prendetelo come un dono: ha grandi cose in serbo per voi. È necessario però che venga vissuto negli angoli più reconditi del vostro essere. Solo allora sarete in grado di affermare l'autorità del Femminile profondo, non prima.

Quindi ogni mese, quando affrontate la crudezza del critico interiore, consideratela una disciplina spirituale proprio come la meditazione e la preghiera. È leggermente più difficile, ma la vostra meta è quella di affilare la lama dell'autodeterminazione che vi darà accesso allo spazio sacro del Femminile.

In circa trent'anni di mestruazioni ripetiamo il ciclo ogni mese e ci sentiamo sottosopra e spaventate, a volte ne usciamo perdenti e altre vincitrici, sempre negoziando una scomoda tregua. Durante questo intenso percorso si forgia in noi un'inestimabile comprensione che ci permette di cogliere l'aspetto sacro e potente del Femminile, e ci regala la capacità di gestire creativamente le tensioni che incontriamo nel corso della vita. Tutto questo si chiama saggezza. Non esistono scorciatoie verso questa conoscenza: è il dono che il corpo ci offre ogni mese quando sanguina.

Che cosa fare per prendersi cura di Sé

L'interesse per voi stesse sarà l'alleato di questo mese: si tratta di ascoltare le vostre esigenze e assecondarle, anche se inizialmente vi sembrerà di dover mettere in secondo piano quelle degli altri. In parte è inevitabile: saper gestire la competizione nei bisogni è il tema principale di ogni relazione. Se siete madri prendere del tempo per voi vi fa sentire egoiste, ricordate che le attenzioni che vi dedicate fanno bene anche ai vostri figli: negare le vostre necessità non aiuta nessuno, tanto meno loro. Più siete in grado di affermare le vostre esigenze e le vostre idee e più si irrobustisce il veicolo del vostro essere interiore, rendendovi quanto mai efficaci nel mondo e capaci di essere veramente presenti per gli altri.

La forza della saggezza

Pensate a qualcosa di utile per servire il mondo, un'azione quotidiana; prestate attenzione a quei giorni in cui vi sentite più protese verso gli altri, osservate ciò che fate e chi siete, la qualità del vostro essere e dell'agire. Alcune persone si sentiranno coinvolte in grandi progetti, altre in cose più piccole e private; alcune saranno più operative mentre altre più idealiste. Per quanto apparentemente molto differenti, non ci sono azioni più importanti di altre, sono tutte necessarie. Potete servire il mondo anche sorridendo al prossimo, relazionandovi con i vicini o curando le piante e gli animali domestici.
Prendetevi del tempo per sentire quali sono i vostri talenti e che cosa avete da offrire. Affermateli ad alta voce e scriveteli nel diario.
Durante le mestruazioni pensate a voi e al Mondo come a entità unite; sentite l'intimità con il Tutto e qual è la vostra responsabilità. Soprattutto prestate attenzione a quello che vi vuole dire, a ciò che vi chiede.

Godere del viaggio

Prendetevi tempo per gustarvi la strada che avete percorso negli ultimi 13 mesi:
Quanto ti senti in contatto con te stessa e col ciclo?
Che cosa hai scoperto di te? Cosa ti accade dentro?
Avverti che stai maturando? La tua saggezza è più sviluppata? Da che cosa lo capisci?
Se dovessi dare un punteggio alla tua auto-accettazione, quanto la valuteresti? Senti che è aumentata dall'inizio di questo percorso?
In che modo ti sei sentita chiamata? A che cosa? Quanto stai onoran-

do il tuo sentire?
In quale modo le esperienze che hai durante le mestruazioni ti rivelano il Mondo? Come ti parlano?
Controlla le tue intenzioni e gli obiettivi che avevi all'inizio del libro. Ne hai raggiunto qualcuno? Come sono cambiate le cose?
Che cosa hai ottenuto da questo lavoro?

14 - IL POTERE DEL RITUALE

Il rituale è una forma di potere; è il modo che usiamo per onorare un'occasione significativa. Lo utilizziamo affinché ci accompagni nei momenti di passaggio come la morte di qualcuno, o per celebrare degli eventi meravigliosi come la nascita di un bambino o l'unione di due innamorati. Il nostro modo di vivere moderno e frettoloso ci ha portato a dimenticare l'importanza di alcuni rituali, anche e soprattutto quelli che segnano passaggi importantissimi, come la pubertà e la menopausa.
Il rituale marca un territorio, ci indica che siamo in presenza di uno spazio sacro per gioire o piangere. Abbiamo bisogno dei rituali per attraversare i momenti di transizione difficili come la perdita di un lavoro o la fine di un rapporto, oppure per celebrare i passaggi felici. Spesso le transizioni sono a doppio taglio, come avviene quando nasce un bambino; è un momento stupendo eppure coesistono sentimenti opposti. Alcune donne dopo il parto cadono in una profonda depressione. È inevitabile sentirsi in lutto per la terra che lasciamo, nonostante la gioia per la nuova situazione che stiamo cominciando: dobbiamo onorare gli spiriti di entrambi i mondi, quello vecchio e quello nuovo, altrimenti non potremo tornare in equilibrio. La favola della Bella Addormentata ci parla di questa necessità: la tredicesima fata, quella che non era stata invitata al battesimo, si presentò con tutta la sua rabbia per maledire la bimba appena nata. Il rituale, come il potere, vorrà trovare il modo di esprimersi: possiamo cercarlo consapevolmente oppure lasciare che sia l'inconscio ad agire.
Tutti noi abbiamo ritualizzato alcuni elementi della nostra vita, che chiamiamo abitudini. Forse un'abitudine è un rituale agito inconsciamente. Le abitudini sono consolanti perché ci aiutano a rendere il mondo un ambiente familiare e fanno da contenitore alle nostre esi-

stenze; d'altro canto possono anche essere distruttive, proprio per via della loro natura inconscia e quindi incontrollabile, e forse anche perché hanno perso qualsiasi sacralità.
Un rituale che riconosca il ciclo femminile con le sue luci e le sue ombre, onorando ed amplificando il potere delle mestruazioni, è un modo per scongiurare la maledizione di chi non è stato invitato, e per trasformarlo in utile alleato.
Il rito di segnare il ciclo sullo schema mensile simboleggia una speciale attenzione a voi stesse ed al vostro straordinario corpo. C'è qualcosa di intimo e potente al tempo stesso nella consapevolezza di ciò che sta succedendo nel vostro corpo in ogni momento. Io lo sento, e molte donne me ne parlano, specialmente coloro che hanno appena smesso di prendere la pillola e stanno riscoprendo la propria natura ciclica.
Lo stesso vale per il diario mestruale in cui scrivere ogni giorno come vi sentite. Più riuscite a prestare attenzione e raccogliere informazioni dettagliate e più ricca si farà col tempo la vostra esperienza. La disciplina dell'osservazione vi stimolerà ad essere più percettive. Sapere sempre a che punto del ciclo vi trovate, vi aiuterà ad evitare o a gestire consapevolmente eventuali disturbi.
Un altro rituale che si può usare per sottolineare il potere del ciclo è quello di indossare degli abiti o dei gioielli speciali, magari di colore rosso; oppure cucinare una pietanza speciale o comprare qualche fiore rosso o tingersi le unghie.
Anche adoperare gli assorbenti di cotone anziché quelli usa e getta può rappresentare un rituale: se le pubblicità puntano sul fatto che con gli usa e getta non vi accorgerete di nulla, si spera che usando l'altro tipo almeno vi accorgerete di qualcosa! Lavarli alla fine del ciclo, anziché un impegno, può essere un rituale di chiusura e di preparazione alla nuova fase.
Il riposo durante il mestruo è il miglior rituale che ci sia, specialmente se siete donne indaffarate e sempre di corsa. Fermatevi, staccate il telefono e arrendetevi. Lasciate che le cellule del vostro corpo rilascino la tensione, la stanchezza e le tossine. Permettetevi di svuotarvi del materiale accumulato nel mese passato e... sognate, soffrite, gioite, piangete e sognate ancora.
Godetevi la benedizione.
Se state cercando di concepire e la vista del sangue vi porta un senso di perdita e di lutto, usate il rituale per marcare la vostra sofferenza e garantirvi un tempo ed uno spazio in cui affrontare quello che sentite; donatevi sempre infinita dolcezza e perdono verso voi stesse. È impor-

tante non sfuggire al dolore, piuttosto parlate al vostro corpo e coltivate il vostro desiderio con morbidezza, senza addossarvi la responsabilità della situazione. Se queste idee riguardo al rituale vi paiono strane e vi sentite diffidenti, provate a farlo ugualmente almeno una volta. Provate brontolando, ma provate; ogni mese fate un piccolo passo in più.

Il rituale del menarca

Il menarca, ovvero la prima mestruazione, è un rito di passaggio altamente significativo: il momento in cui ogni ragazza si apre alla scoperta dell'essere donna, l'inizio di un lungo viaggio di iniziazione spirituale che culmina con la menopausa. Il menarca è la prima serie di istruzioni che si ricevono riguardo alla scuola misterica del Femminile, ed è di vitale importanza che questo passaggio venga riconosciuto e celebrato come merita.

Tra le popolazioni indigene dell'America del Nord si credeva che i sogni delle fanciulle durante la prima mestruazione contenessero un'indicazione sul loro futuro. Le immagini del sogno erano la visione che avrebbe guidato la propria vita futura. Così come i ragazzi dovevano partire alla ricerca di una visione e affrontare i pericoli della sopravvivenza solitaria nella natura selvaggia per ricevere un sogno significativo per la loro vita, così le fanciulle accettavano il sogno mestruale come guida sacra. Credo che la possibilità di accendere la capacità visionaria sia presente ad ogni mestruazione, non solo al menarca.

Oggigiorno però le nostre menti sono offuscate dalla concezione meccanicistica del mondo che considera il corpo come un insieme di processi fisiologici. Il menarca e tutto il ciclo mestruale sono stati svuotati di anima e spirito. La nostra ridotta visione del mondo ci ha privati della capacità di scorgere significati nascosti, portandoci a perdere le capacità sciamaniche di vivere tra molteplici realtà.

Cieche al significato del ciclo, ignoriamo con troppa leggerezza questa inestimabile possibilità di allargare lo sguardo e riduciamo il menarca a nient'altro che a un fisiologico segnale di crescita.

Se il ciclo rappresenta la matrice primaria che crea il terreno per l'essere femminile, perdere quell'occasione di aprire la porta su quel mondo significa minare profondamente le basi del rapporto fra la futura donna e il suo essere femminile e con gli altri. Il modo in cui si oltrepassa questa soglia influenzerà il senso di sé, la relazione con il proprio corpo, l'esperienza mestruale e la sessualità, la gravidanza e il parto, e il proprio potere, così come l'espressione verso l'esterno e la capacità di avere fiducia nella vita.

Non tutto è perduto, anche per quelle di voi la cui esperienza del menarca non è stata né positiva né celebrata. È infatti possibile recuperare questo momento e riconfigurarlo attraverso la messa in atto di un rituale. Questo processo si attua in due tappe: prima di tutto bisogna ripensare al proprio menarca e immaginare come avreste voluto che fosse. Poi si crea un rituale: nei giorni che precedono il ciclo prestate attenzione ai sogni, potreste fare un sogno "di menarca" significativo per la vostra vita.

1. Ripensare al passato

Ricordate quanto più possibile la vostra prima mestruazione prestando attenzione ai dettagli. Scrivete liberamente, magari rispondendo alle seguenti domande:

- Quanti anni avevi?
- Dove ti trovavi? Qual è stata la tua prima reazione?
- Come ti sei sentita fisicamente ed emotivamente?
- Qual è stata la prima persona a cui l'hai detto? Come ha reagito?
- Eri preparata? Se sì, chi ti aveva parlato e in che modo? (Alcune ragazze ne sentono parlare dalle sorelle più grandi o da altre ragazze in modo informale).
- Quali messaggi detti o non detti, positivi e negativi, avevi ricevuto riguardo alle mestruazioni e al fatto di diventare donna?
- Qual è stato l'atteggiamento dei tuoi genitori e degli altri familiari?
- Come hanno reagito le amiche? È cambiato il tuo rapporto con le tue coetanee che non avevano le mestruazioni?
- Si è modificato il tuo rapporto con qualche membro della famiglia?
- Qual era l'esperienza mestruale di tua madre? E quella delle zie e delle nonne?
- Hai celebrato l'evento in qualche modo?
- Come era l'approccio verso le mestruazioni delle ragazze che avevano il ciclo nella tua scuola?
- Ti sarebbe piaciuto che tua madre te ne parlasse? Lo ha fatto? E tuo padre?
- Dopo le mestruazioni è cambiato il tuo rapporto con l'esterno e con te stessa? Cosa è diventato importante per te?
- Ricordi qualche sogno importante o sogni ricorrenti al menarca?
- Che messaggio dai a te stessa oggi riguardo alle mestruazioni?
- Trovi delle somiglianze tra l'atteggiamento che hai oggi e quello che avevi in passato?

2. Creare il rituale

L'ideale sarebbe poter celebrare questo rito insieme a qualcun altro, tuttavia, se non c'è nessuno con cui pensate di riuscire a sentirvi a vostro agio durante la cerimonia, potete farlo per conto vostro. Lasciate che, col tempo, il rituale prenda forma dentro di voi. Una volta presa la decisione lasciate passare ancora qualche settimana per sentire e sognare il modo più adatto a voi: il momento più significativo per farlo e le modalità. A me piace fare i rituali quando sanguino, ma forse voi preferirete la notte di luna nuova o il primo giorno in cui riappare nel cielo.

Il procedimento è semplice, sentitevi libere di aggiungere i particolari che volete. Se siete sole indirizzate una lettera alla mamma, alla Grande Madre o a chi preferite, nella quale scrivete e rilasciate la vostra vecchia esperienza e in un'altra destinata a voi stesse da fanciulle raccontate il meraviglioso viaggio che state per intraprendere e di quante cose ci saranno da scoprire.

Se siete in due prendetevi una serata libera e se foste di più dedicatevi mezza giornata.

Create un altare con una fotografia di voi all'epoca in cui avete avuto le prime mestruazioni o qualche cosa di simbolico di quel periodo, aggiungete qualsiasi oggetto sacro o significativo per voi. Sarebbe importante anche avere dei ricordi delle altre donne della vostra famiglia, oggetti o foto che vi ricordino la mamma, la nonna, le zie, le sorelle o altre figure femminili importanti. Se volete abbellite lo spazio con dei fiori e qualche candela, rendetelo prezioso e speciale.

3. Raccontare la storia

- Raccontate la vostra esperienza del menarca alla compagna o compagno che avete scelto: il lato buono, quello brutto e quello cattivo. Prendetevi tutto il tempo che vi occorre e chiedete al partner di ascoltarvi profondamente.
- Ora disegnate un cerchio immaginario ed entrateci dentro: raccontate nuovamente la storia come se vi trovaste a viverla per la prima volta. Parlate in prima persona, al presente.
- Uscite dal cerchio e dite a chi vi accompagna quello che vi sarebbe piaciuto, quello che avreste voluto sentirvi dire. Potrebbe trattarsi del riconoscimento di alcune vostre qualità, caratteristiche e talenti; nominarlo vi permetterà di rafforzare quello che di speciale c'è in voi.

4. La benedizione

Ritornate dentro il cerchio e divenite ancora una volta la fanciulla che siete state: la compagna/il compagno impersonificheranno vostra madre, padre o figura genitoriale. Potete decidere voi chi volete che siano, anche più di una figura. Ora egli vi dirà tutte quelle cose che avreste avuto bisogno di sentirvi dire a suo tempo, e le dichiarerà in modo chiaro e deciso. Vedrà le vostre qualità e le affermerà a voce alta, aggiungendo se lo volete le proprie impressioni positive su di voi.

Prendetevi tutto il tempo che vi occorre per interiorizzare in profondità le sue parole.

A questo punto potete ricevere qualche regalo, semplice ma simbolico. Basterà un fiore, un bocciolo pronto per fiorire, oppure un gioiello che volete comprarvi per celebrare questa occasione speciale. Ve lo porgerà chi avrete scelto per accompagnarvi nel rituale.

Se lo desiderate, fate un disegno o scrivete una poesia, o qualsiasi altra cosa per celebrare il momento.

Se non c'è altro che volete aggiungere, chiudete la cerimonia ringraziando chi vi ha partecipato.

Scambiate i ruoli: se volete, come vi sarete già accordate in precedenza, potete celebrare lo stesso rituale per un'altra persona.

Per finire festeggiate insieme, magari con una cena oppure un brindisi.

PARTE III

"Il valore che diamo alle mestruazioni
è strettamente correlato al valore che diamo
a noi stesse come donne".
Lara Owen

NUTRIRE IL CORPO

Le voglie

Chi può dire di non essere mai stata assalita da una voglia irresistibile di mangiare qualcosa di dolce, soprattutto il cioccolato? Spesso, avvicinandoci ai giorni del sangue, non siamo più noi stesse: ci vengono le voglie! Per alcune donne la sensazione di perdere il controllo è così forte che pensano di essere guidate da qualcun altro. In una società che premia l'ordine e il controllo, sentirsi così può risultare insopportabile.
Le mestruazioni hanno di per sé un effetto "stupefacente": quando ci si da il permesso di entrare in questo stato alterato di coscienza si ha a disposizione un'immensa chiarezza. Quando parlo di tendenze alla dipendenza mi riferisco letteralmente alla perdita di contatto con la realtà ordinaria, un po' come essere spedite in un altro mondo.
Natalie Angier lo descrive bene quando racconta: "Uno dei ricordi più belli che conservo dell'università è quello di un giorno in cui aspettavo il ciclo, ma ancora non era arrivato. Mi trovavo in salotto a studiare e d'un tratto sentii un inspiegabile moto di felicità. Alzai lo sguardo e fui stupita della purezza dell'aria: tutto mi apparve luminoso e trasparente, fu come vedere gli oggetti e l'ambiente circostante per la prima volta. Lo vedevo perfettamente, molecola per molecola, come se avessi preso la droga perfetta, quella che non è ancora stata inventata: la chiamerei *Liberitium* o *Creativil*" (Angier, 1999).
Io personalmente non mi resi veramente conto del potere mestruale fino ai quarant'anni, anche se ricordo di essermi sentita spesso travolta da ondate di energia che non capivo. Sospetto che da giovani si possa venire in contatto con questi attimi magici di chiarezza e rivelazione, ma che occorrano tempo e saggezza per accedervi regolarmente e con una profondità sempre crescente.
La perdita di controllo è un elemento chiave per molte donne: le sue

manifestazioni vanno dal mangiare in modo disordinato e compulsivo ad un'estrema reattività emotiva. Qualsiasi donna che abbia già un rapporto difficoltoso con l'alimentazione, nello spazio transizionale del ciclo amplificherà le proprie tendenze. A volte si cerca nel cibo una protezione dal senso di vulnerabilità; se non si comprende l'utilità dell'aumento di sensibilità che può caratterizzare alcuni momenti del ciclo si rischia di cedere all'ansia o di cadere nel rifiuto di sé. Il cibo allora ci appare come un rimedio per sentirci al sicuro ed allontanarci, se pur temporaneamente, dalle emozioni difficili da gestire.
Anche la chimica interna ha un grande effetto sull'umore e le voglie. Un basso livello di zuccheri, serotonina e beta-endorfine sfocia in sintomi molto simili a quelli della SPM: stanchezza, confusione, difficoltà a concentrarsi e a ricordare, irritabilità, collera improvvisa (zuccheri bassi); depressione, reattività, pensieri suicidi, voglia di dolci (serotonina bassa); scarsa autostima, lacrime, reattività, oppressione , disperazione e voglia di dolci (beta-endorfine basse) (DesMaisons, 1999).
Se vi nutrite soprattutto di carboidrati raffinati (pane bianco, pasta, torte, biscotti e alcolici), cibi ricchi di grassi idrogenati e poche verdure contribuirete a creare questo squilibrio biochimico aggravando le oscillazioni dei cambiamenti ormonali. Gli zuccheri nel sangue sono famosi per le loro acrobazie durante il premestruo: precipitano improvvisamente lasciandoci con un'irresistibile voglia di dolce. Anche le beta-endorfine raggiungono il minimo storico in quei giorni. Abbuffarsi di cioccolata può fornire zuccheri, tuttavia anziché riequilibrarli li manda alle stelle. Cadere in questo circolo vizioso è distruttivo e peggiora sia la situazione emotiva che quella fisica. Seguite i consigli riportati in queste pagine e riuscirete a ripristinare l'equilibrio corporeo e a ridurre gli sbalzi d'umore.
Un'altra spiegazione della voglia di dolci è la carenza di minerali. Durante le mestruazioni, col sangue la donna perde anche forti quantità di ferro la cui funzione fisiologica è quella di proteggere il cuore e di mantenere in buona efficienza il sistema di ossigenazione del sangue. La carenza di ferro porta quindi un indebolimento complessivo dell'organismo e non è un caso se alcune donne sognano di addentare una bella bistecca anche se solitamente non mangiano la carne: ci serve benzina per sanguinare e a volte le voglie sono un modo naturale di garantire le nostre riserve di minerali. L'importante è che il carburante sia quello giusto!
È difficile immaginare che questa perdita di controllo possa avere la sua utilità, se il risultato è che fa ingrassare e spesso ci porta a sentirci scioc-

che per aver reagito in modo eccessivo. Le voglie potrebbero essere una metafora del nostro bisogno di "rifare il pieno", di nutrirci dopo aver tanto dato all'esterno. Non sottovalutate il vostro bisogno umano di sentirvi appagate a tutti i livelli.

Le mestruazioni sono un'apertura ad uno spazio spirituale. Le nostre dipendenze mostrano la nostra incapacità di accogliere la magia di questo stato alterato, fanno da specchio all'estasi, alla beatitudine.

Anziché tentare di ricacciare il genio femminile dentro la lampada, cominciate a seguirlo.

Mangiare in modo sano è di fondamentale importanza per il benessere del corpo e per la salute in generale. È una ricchezza insostituibile: non esistono scorciatoie, né medicinali in grado di controbilanciare gli effetti di un'alimentazione scorretta o insufficiente. Il cibo ci dona anche un immenso piacere, un elemento di importanza vitale per la nostra integrità.

Cambiare la propria dieta non significa dover rinunciare a questo piacere, vuol dire soltanto cambiare il tipo di piacere. Con la nuova dieta vi ritroverete a godere del sapore del cibo fresco e sano, minimamente raffinato e proveniente preferibilmente da coltivazioni e produzioni biologiche. Vi piacerà la sensazione di benessere che sperimenterete e sarete felici dell'assenza di sintomi dolorosi nei giorni del ciclo. Anziché focalizzarvi sulle cose a cui rinunciate, pensate a quello che guadagnate con la guarigione del vostro corpo e godetevi una nuova vita sana e piena di energie!

Spesso ho potuto testimoniare notevoli miglioramenti dei sintomi mestruali solo grazie a piccoli cambiamenti nell'alimentazione: evitando il grano in forma di pane, pasta, torte e biscotti ed eliminando i latticini. Rare sono le donne che, pur praticando una dieta molto rigida, continuano a soffrire. In questi casi una buona alimentazione è ugualmente d'aiuto, ma si rende necessario un tipo di lavoro più profondo con se stesse, possibilmente con il sostegno di un esperto.

Il cibo è un tema ad alto contenuto emotivo. Quale donna non ha pensato, ad un certo punto della propria vita, di mettersi a dieta? Mangiare senza sentirsi in colpa è senz'altro una rarità.

Se avete dei trascorsi di anoressia, bulimia, mangiare frenetico o altri disturbi alimentari probabilmente iniziare il vostro lavoro di guarigione mestruale dalla dieta non è una buona idea. Se non vi siete ancora rivolte ad uno psicoterapeuta e non appartenete ad un gruppo di aiuto, vi consiglio di farlo quanto prima. Dover gestire una nuova dieta potrebbe comportare un grosso sforzo, mentre cominciare riappacifi-

candosi col proprio corpo e con se stesse sarà di grande beneficio anche per la salute mestruale.
Quando si mettono in atto dei cambiamenti salutari, soprattutto se si tratta di cambiamenti radicali, è possibile che il corpo attraversi una "crisi di guarigione", cioè che si verifichino dei peggioramenti prima che si possano constatare dei miglioramenti. Ad esempio, la stanchezza ed il senso di nausea potrebbero temporaneamente aumentare finché l'organismo riesce ad abituarsi alla nuova alimentazione. Se vi succede può essere utile bere molta acqua, fare un po' di moto e qualche esercizio yoga; se passate una crisi di questo tipo abbiate pazienza con voi stesse ma non interrompete il processo, altrimenti vi ritroverete al punto di partenza.
Le vostre spese aumenteranno senz'altro perché i prezzi degli alimenti biologici sono ancora molto elevati, ma è un fattore così decisivo per il benessere generale che non è su questo che dovete risparmiare. Un cambiamento nel cibo può rappresentare anche un terremoto nella propria vita privata, familiare e lavorativa. Spesso durante i miei corsi ho notato che le donne si rifiutavano di accettare questi cambiamenti per non destabilizzare la propria vita sociale. Volevano che il corpo si adattasse alle loro scelte e non viceversa, mentre il fulcro di tutta la guarigione sta proprio nel cambiamento. Se soffrite di problemi mestruali è perché c'è qualcosa nella vostra vita che vi sta stretto; forse le aspettative che avete su di voi per il lavoro, o su come conciliarlo con la maternità, il partner e le amicizie. Potrebbe essere che lo stile di vita che vivete sia eccessivamente stressante e che abbiate ritagliato poco spazio per la contemplazione e il riposo; forse state continuamente facendo qualcosa per gli altri senza pensare a voi stesse. Le donne che incontrano delle resistenze nel cambiare la propria vita meritano tutta la mia simpatia: una volta mi arrabbiai veramente molto con una terapeuta che mi suggeriva dei cambiamenti alla mia routine quotidiana. Il cambiamento può essere un'idea inaccettabile, soprattutto se la famiglia, il compagno e gli amici non comprendono l'importanza della vostra salute e la gravità, quando sono presenti, dei vostri dolori mestruali.
Quindi avanzate con prudenza senza però rinunciare mai alla vostra ricerca di guarigione e benessere.

Una buona digestione

Se il cibo è fondamentale per la salute, lo è altrettanto poterlo digerire. Potete mangiare il cibo più sano e meraviglioso del mondo ma, se non siete in grado di assorbirlo, continuerete a stare male. È probabile che, se non assimilate bene le sostanze nutritive, il corpo non riesca nemmeno ad evacuare correttamente, accumulando così tossine che rappresentano un ulteriore impedimento alla buona salute complessiva. Dopo molti anni di lavoro con donne che soffrono di problemi mestruali ho potuto constatare che questi sono sempre associati ad una forma di difficoltà digestiva. Se soffrite di gonfiori, dolori addominali, costipazione cronica, diarrea o movimenti intestinali irregolari, oltre a cambiare la dieta fate anche qualche controllo medico. Se non vi occupate a fondo di questi problemi vedrete pochi miglioramenti; non mi stancherò mai di dirlo.

Se state prendendo la pillola, usate spesso degli antidolorifici per sopportare i dolori mestruali o fate uso di farmaci per endometriosi o altre patologie, siate consapevoli che questi affaticano il fegato e distruggono alcuni batteri necessari all'intestino. È importante ripulire sia il fegato che l'intestino per digerire bene, e bisogna digerire bene per godere di buona salute.

Una delle preoccupazioni maggiori che nutro riguardo alla salute è la qualità del cibo disponibile al giorno d'oggi. Il cibo, così come l'aria e l'acqua, è la benzina del nostro corpo e, se è vero che abbiamo a portata di mano una vasta varietà di alimenti, è altrettanto vero che ciò non è garanzia per una nutrizione adeguata. La qualità del cibo che ingeriamo diminuisce continuamente a causa dell'uso sempre più massiccio di pesticidi, fertilizzanti sintetici, ormoni, antibiotici, vaccini e alimenti contenenti Organismi Geneticamente Modificati (ogm). Le condizioni artificiali in cui gli animali vengono allevati e nutriti affinché crescano e ingrassino nel minor tempo possibile, non possono avere come risultato una carne di qualità. Mangiare la carne prodotta in questo modo è come ingerire altro stress.

I cibi raffinati contengono conservanti, coloranti e additivi, e la loro integrità originaria è ulteriormente compromessa dall'aggiunta di ingredienti sintetici che, a lungo andare, possono risultare dannosi per il nostro Dna. Alcuni cibi denaturati contengono solventi tossici usati per l'estrazione dei grassi, come quelli che recano le scritte: senza grassi, dietetico, decaffeinato, light (leggero), sgrassato, polinsaturi. Questi sono cibi da evitare nel modo più assoluto.

Gli scienziati a favore degli ogm sostengono che i risultati delle loro ricerche ne garantiscono la sicurezza per il consumo umano, ma nessuno ha mai studiato gli effetti a lungo termine, quindi solo il tempo ci dirà la verità. In più, le loro ricerche sono sempre state condotte su animali, e questo ci fa nascere dei dubbi sugli effetti che il cibo modifica-

to possa avere sull'organismo umano.
L'ingegneria genetica permette il trasferimento di geni oltre i confini naturali, da una specie all'altra di esseri viventi (vegetali con animali e viceversa). La natura inoltre non limita la propria riproduzione ai confini arbitrari delle colture; purtroppo non c'è nulla che possa fermare la fuga di geni nell'ambiente, tanto che il rischio maggiore è dissestare la biodiversità e contaminare il cibo non modificato.
Un ulteriore dato allarmante è la concentrazione in poche mani del controllo sul cibo: purtroppo oggigiorno il controllo delle forniture di sementi è nelle mani di poche multinazionali e questa oligarchia non è un bene per nessuno.
Le etichette che riportano la presenza di ogm nei cibi non sono chiare: al momento l'unico modo di assicurarsi che il cibo sia sano è comprare quello proveniente da coltivazione biologica o biodinamica, oppure coltivarlo personalmente. Se decidete di acquistare il cibo biologico e locale farete anche del bene all'ambiente, sostenendo chi limita od esclude l'uso di sostanze chimiche. Considerato poi che il lavoro necessario per produrre alimenti biologici è maggiore, sosterrete anche i posti di lavoro e le piccole attività nella vostra zona. I metodi biologico e biodinamico in agricoltura proteggono la biodiversità e, oltre a garantire la sicurezza del cibo, vi offrono una maggiore varietà di frutta e verdura.
Queste sono solo alcune indicazioni riguardo alla scelta del cibo che comprate, utili per divenire consumatrici attente ed informate. Poiché l'alimentazione occupa un posto così fondamentale nella salute mestruale, è importante che scegliate attentamente quello che mangiate.
Quelli che seguono sono suggerimenti per una dieta sana e completa, soprattutto per chi soffre di disturbi mestruali. È importante ricordare che ogni persona è unica ed ha le sue particolari necessità, quindi non c'è una dieta che vada bene per tutti. Ad ogni modo, se volete vedere dei cambiamenti, seguite la nuova alimentazione per un periodo di almeno tre mesi consecutivi. Se non riuscite ad essere costanti, proseguite per almeno sei mesi. Dopo questo periodo alcune di voi potranno mangiare di nuovo, una volta ogni tanto, anche cibi definiti "da evitare", tenendo sotto controllo lo stato di salute individuale complessivo. Consiglio sempre di non smettere del tutto per ritornare alla vecchia dieta, anche se, in genere, dopo aver goduto dei benefici di quella nuova, nessuna donna tornerà più indietro. Resta il fatto che non sempre sarà possibile restare fedeli al nuovo tipo di alimentazione, quindi se mangiate del cibo inadeguato non fatene un problema: gustatevi il

pasto e riprendete appena vi sarà possibile. Se c'è qualcosa a cui non volete rinunciare decidete voi con tranquillità quando mangiarlo anziché buttarvici a capofitto per reazione a "quella dieta maledetta". L'unico consiglio che vi do è questo: non rompete le regole nei giorni che precedono e durante il ciclo.

Cibi sani

La scelta del cibo:

- **Integrale o semi-integrale**. Ad esempio privilegiare il riso integrale anziché quello bianco, così per la farina integrale, la pasta integrale ecc. Introdurre nella propria dieta alimenti poco elaborati come tofu, miso, yogurt ecc.
- **Fresco**. Ho promesso a me stessa di non mangiare mai del cibo cucinato da più di un giorno; magari a pranzo riscaldo quello avanzato della sera precedente, ma se ne rimane ancora lo butto via. È importante evitare le muffe, soprattutto se si soffre di qualche forma allergica. Infine consumare solo frutta e verdura di stagione.
- **Biologico e biodinamico**. Il cibo di provenienza biologica e biodinamica è molto più saporito e contiene più vitamine e minerali di quello convenzionale. Inoltre è privo di pesticidi, fertilizzanti sintetici, ormoni, antibiotici o vaccini che solitamente sono presenti in frutta, verdura, carne, uova e latticini. Evitare ogm: gli alimenti biologici sono tutelati rispetto all'utilizzo di sementi ogm.

Grande varietà

Diversificate la vostra dieta così avrete più possibilità di assumere tutte le sostanze di cui l'organismo ha bisogno e ridurrete anche la possibilità di sviluppare allergie diffuse tra coloro che consumano sempre gli stessi alimenti.

- **Verdure**. Il mondo vegetale è ricco di minerali e vitamine; le verdure devono essere la base della vostra dieta. Per le donne con disturbi mestruali sono da consigliare le radici e le varietà a foglia verde.
- **Cereali integrali**. Riso integrale, mais, avena, miglio, quinoa, segale, grano saraceno, amaranto e grano. Quest'ultimo può causare gonfiore e flatulenza, segno di una qualche forma di allergia. Per la salute mestruale il grano è tra quei cereali "da eliminare".[1]
- **Legumi**. Lenticchie, fagioli, azuki, ceci, fagioli neri, piselli spezzati, cannellini, fagioli di Lima, fagioli con l'occhio.

1. N.d.r.: Il grano è tra i cereali che ha subito più manipolazioni varietali, allo scopo di ottenere frumenti più ricchi di amidi e quindi più adatti alla panificazione.

- **Semi e frutta secca con il guscio**. Evitare le arachidi e il burro di arachidi, così come i pistacchi per l'elevato potere calorico. A differenza della carne e del pesce, i semi e la frutta secca non costituiscono delle proteine complete, tuttavia, se associate ad un cereale, si ottiene una proteina intera[2].
- **Frutta**. Consumare molta frutta di stagione: tutta la frutta è ricca di vitamine e fibre.
- **Oli**. Usare soltanto oli spremuti a freddo e non raffinati. L'olio extravergine d'oliva e l'olio di sesamo sono ideali per l'utilizzo quotidiano, meglio se conservati in bottiglie di vetro scuro per contrastare l'effetto della luce. Evitare gli alimenti contenenti oli idrogenati: l'idrogenazione modifica le caratteristiche essenziali dei grassi e può renderli dannosi per l'organismo.
- **Acidi grassi**. Sono essenziali per la salute, soprattutto delle donne mestruate, poiché stimolano la formazione di prostaglandine utili ad alleviare i crampi. Si trovano nei semi di lino, nell'olio di enotera, nel latte di capra fresco e nell'olio di pesce. È sufficiente comunque aggiungere occasionalmente un cucchiaino di semi di lino tritati nelle insalate o in generale sulle verdure.
- **Tofu o formaggio di soia**. È un'ottima fonte di proteine. La soia risulta essere particolarmente ricca di estrogeni vegetali che costituiscono un sollievo ai sintomi da SPM. Il tofu benché sottoprodotto della soia non è soggetto a processi di fermentazione, quindi per alcune donne può indurre difficoltà digestive.
- **Shoyu e tamari** (salsa di soia). Sono alimenti a base di soia fermentata, ottenuti con acqua, sale e soia; ideali come sostituti del sale contengono molto meno sodio. Acquistate solo i prodotti di provenienza biologica.
- **Miso**. È una crema di soia fermentata, contiene proteine ed è ottima contro la stanchezza, facilita la digestione (il miso non va mai bollito) e sostituisce il sale. Il miso può essere di riso e orzo.
- **Tempeh**. Ancora una volta si tratta di soia fermentata, molto nutriente e proteica. Il sapore inizialmente può risultare strano, va assaggiato in preparazioni diverse.
- **Alghe**. Sono un'ottima fonte di minerali, vitamine, aminoacidi, iodio, calcio e ferro facilmente assimilabili. Le alghe inoltre svolgono

2. N.d.r.: Per l'elevato potenziale calorico noci, nocciole, mandorle e pinoli vanno mangiati oculatamente. Una volta aperta la confezione sono da conservare in frigorifero per non più di due settimane, perché tendono a irrancidire facilmente.

un'azione di prevenzione contro il danneggiamento dei tessuti da parte di sostanze chimiche, metalli pesanti e alcuni tipi di radioattività; combattono lo stress, aumentano le stamine e ripristinano il desiderio sessuale (Weed, 1989). Ecco alcune varietà di alghe disponibili in commercio: nori, wakame, kombu, arame e alghe della Tasmania. Nei negozi di prodotti biologici si trovano anche alghe ridotte in polvere da spargere sul cibo al posto del sale.

- **Acqua**. È essenziale per aiutare tutti i processi chimici del corpo, inoltre coadiuva la memoria ed elimina le tossine dall'organismo. Molti mal di testa premestruali possono essere causati da disidratazione. Iniziate a bere più acqua, soprattutto quando fa caldo e dopo aver fatto esercizio fisico. Procurarsi un filtro per l'acqua, il migliore è quello ad osmosi inversa, ma andrà bene anche una caraffa filtrante. In alternativa acquistare solo acqua minerale confezionata in bottiglie di vetro.

La dieta per la salute mestruale

- **Evitare o ridurre i latticini**

È consigliabile eliminare o ridurre dalla propria dieta latte di mucca, formaggio, burro, yogurt, solo coloro che non accusano dolori mestruali possono consumare latticini preferibilmente di provenienza biologica.
Perché?

- Creano un edema (una sensazione di gonfiore) che può aggravare la candida e il prolasso dell'utero.
- Interferiscono con l'assorbimento di magnesio, un minerale utile per alleviare i crampi mestruali, stabilizzare gli zuccheri nel sangue e gli sbalzi d'umore.
- Contribuiscono alla produzione di prostaglandine serie 2, quelle "cattive". Le "buone", cioè le serie 1 e 3, che aiutano ad alleviare i dolori, si generano seguendo una dieta sana.

Le alternative

- Consumare solo prodotti biologici fermentati, come lo yogurt e il formaggio da latte non omogeneizzato.
- Preferire, solo in piccole quantità, i sottoprodotti del latte di capra e pecora più facili da digerire. Il latte di capra non pastorizzato risulta essere particolarmente ricco di enzimi e quindi più assimilabile.
- Ottimi sostituti del latte di mucca sono il latte di riso, d'avena e di mandorle.
- Se soffrite molto, soprattutto di endometriosi, per almeno tre mesi

rinunciate a tutti i tipi di latticini, poi potrete gradualmente reintrodurli nel vostro regime dietetico.
- Al burro preferire l'olio extravergine di oliva. Evitare l'uso di margarina (buttatela!) in alternativa consumare burro di semi come il tahini (crema di semi di sesamo).

- **Evitare o ridurre i prodotti lievitati o da forno**

Rinunciare a dolci non artigianali, biscotti e pasticcini.

Perché?
- Il lievito favorisce lo svilupparsi della candida.
- La farina bianca acidifica l'organismo e lo depaupera di minerali.
- Nei prodotti da forno vengono spesso utilizzati oli idrogenati.

Alternative
- Consumare pane integrale a pasta acida; preferibilmente senza lieviti.
- Meglio ancora se senza grano.
- Al posto di pane, pasta e dolci introdurre nella propria dieta i cereali integrali (riso, miglio...) o le gallette di riso o di cereali.
- Se non riuscite a rinunciare al dolce, cercate nei negozi di alimenti naturali, prodotti dolcificati naturalmente oppure preparatevi una torta o dei biscotti senza burro e oli idrogenati.

- **Evitare o ridurre la carne**

Eliminare manzo, maiale, agnello, pollo, salsicce, hot dog e tutte le carni con conservanti (nitrati).

Perché?
- Esistono diverse scuole di pensiero riguardo alla carne: alcune sostengono che la carne è da evitare in assoluto, altre consigliano di consumarla con moderazione. La carne è un alimento difficile da digerire e può aggravare i dolori da SPM. In particolare la carne non biologica è un accumulo di tossine derivanti da antibiotici, ormoni, vaccini e pesticidi. Inoltre le sostanze chimiche presenti nell'ambiente si immagazzinano nei grassi animali. Un eccessivo consumo di carne aumenta la necessità di minerali del corpo.

Alternative
- Il mio consiglio è di consumare carne al massimo tre volte la settimana; per alcune sarà necessario evitarla completamente almeno per un periodo.
- Insieme alla carne arricchire la propria dieta di frutta e verdura.
- Evitare il grasso.
- Se possibile acquistare solo carne di produzione biologica.

- Alternare con pesce di mare e polli allevati all'aperto. Non prendere nemmeno in considerazione i polli cresciuti in batteria, che tra l'altro subiscono trattamenti crudeli.
- Scegliere solo uova bio da allevamenti all'aperto.
- Il brodo di pollo preparato con le ossa risulta essere un pasto molto nutriente.
- Integrare con altre fonti proteiche preferibilmente di origine vegetale.

- **Evitare o ridurre le bevande a base di caffeina o decaffeinate**

No a caffé, tè, bevande alla cola o caffé decaffeinato.
Perché?
- La caffeina impoverisce il corpo delle vitamine del gruppo B.
- Contribuisce a causare ansia ed irritabilità; accentua gli sbalzi d'umore.
- Il caffè decaffeinato contiene dei solventi; se decaffeinato con l'acqua presenta altri alcaloidi infiammanti.
- La caffeina può avere un effetto negativo sulla fertilità.

Alternative
- Il caffé di tarassaco (tostato oppure no) è ottimo per il fegato e la digestione.
- Le bevande ai cereali come l'orzo e lo yahnoo sono ottimi sostituti del caffè.
- Il tè allo zenzero è formidabile contro la stanchezza. Il tè bancha con l'aggiunta di un goccio di shoyu e una grattatina di zenzero è un eccellente "tiramisù".
- Esiste una grande varietà di tisane alle erbe; consiglio in particolare il decotto di ortica particolarmente ricco di minerali (ferro), un ottimo amico per la salute delle donne.

- **Evitare o ridurre gli alcolici**

Perché?
- L'alcol brucia i minerali e le vitamine del gruppo B.
- Fa male al fegato.
- Aggrava i sintomi della candida.

Alternative
- Bere al massimo due bicchieri di vino la settimana (magari diluito con acqua).
- Preferire succhi di frutti, centrifugati di verdura che contengono un alto livello di zuccheri naturali.
- Se possibile rinunciare a bere alcolici e stabilire nuove abitudini.

- **Evitare o ridurre gli zuccheri**

Oltre agli zuccheri raffinati (saccarosio), evitare anche zucchero di canna, melassa, dolcificanti artificiali e bevande zuccherate.

Perché?

- Il saccarosio e i dolcificanti artificiali (aspartame, saccarina ecc.) sono cibi "vuoti", privi di qualsiasi valore nutritivo e potenzialmente dannosi. Lo zucchero entra nel sangue troppo rapidamente, alterando i valori della glicemia e affaticando le ghiandole surrenali. A lungo andare questi zuccheri causano stanchezza e vi lasciano senza minerali e vitamine del gruppo B. Contribuiscono anche al malumore, soprattutto quello premestruale. Se migliorate la vostra alimentazione noterete che avrete meno bisogno di assumere zuccheri.
- Evitare le bevande in lattina che oltre a contenere dolcificanti di natura sintetica, non placano la sete e disidratano il corpo.
- Contenere la dipendenza da zucchero: più zuccheri ingerite e più ne vorrete.

Alternative

- Usare il malto di riso o d'orzo e scegliere le marmellate senza zuccheri aggiunti.
- Sostituire lo zucchero con la stevia[3].
- Come dolcificanti per torte, usare succhi concentrati di mele o pere e datteri; vengono assimilati più lentamente e sono migliori per l'organismo.
- Mangiando carboidrati complessi come il riso integrale, il pane ai cereali e l'avena, la voglia di dolci diminuirà. Provare anche la zucca cotta e le patate dolci.
- Nei momenti di disperazione concedersi del miele o sciroppo d'acero.

- **Evitare o ridurre il cioccolato**

Perché?

- Il cioccolato contiene zuccheri raffinati, contribuisce agli sbalzi d'umore e causa la sensibilità mammaria; inoltre contiene caffeina.
- A causa del suo contenuto di magnesio (ottimo per i crampi e gli sbalzi d'umore) e di fenilalanina (amino acido), che dà una sensazione di benessere, è normale che prima del ciclo se ne desideri così tanto. Purtroppo gli altri ingredienti lo rendono un alimento da evitare.

3. N.d.r.: La stevia (*Rebaudiana bertoni*) è una pianta erbacea conosciuta da molti popoli, oltre che per il suo potere dolcificante, anche per le sue proprietà medicinali.

Alternative

- Le carrube fanno parte delle leguminose e sono ricche di calcio. Si trovano in forma di tavolette oppure in polvere per dolci. Alcune marche di cioccolato alla carrube contengono zucchero. Leggete bene le etichette.
- Il cioccolato bio, essendo pur sempre cioccolato, è molto migliore: se proprio non potete resistere alla voglia, scegliete del buon cioccolato, proveniente dal commercio equo e solidale.

- **Evitare o ridurre il sale**

Sale da tavola e cibi ricchi di sodio (salse confezionate, condimenti, merendine ecc.).

Perché?

- Sono cibi che aggravano il gonfiore e la ritenzione idrica.
- Il sale da tavola del supermercato può contenere additivi.
- I cibi confezionati che contengono coloranti, oli idrogenati, conservanti, o zuccheri aggiunti appesantiscono inutilmente l'organismo.

Alternative

- Un po' di sale ci vuole: scegliere sale marino integrale, integro di minerali preferibilmente di produzione biologica. Si riconosce per l'aspetto grigiastro e granelloso: non scende facilmente dalla saliera!
- Sostituire il sale con spezie, shoyu o miso.
- Acquistare conserve naturali (senza conservanti) oppure consumare quelle di produzione propria.

Rendersi la vita facile

- Prima di togliere degli alimenti dalla dieta integrare l'alimentazione con cibi sostitutivi.
- Nei casi in cui la vostra alimentazione fosse ricca di cibi "da evitare o ridurre", non privatevene completamente in una volta.
- Sostituire un alimento alla volta e cominciare con qualcosa di facile, ad esempio bere più acqua.
- Rilassarsi e gustare quello che mangiate, stando in ascolto dei bisogni del vostro corpo. Se dipendete da caffé e zuccheri, datevi del tempo per capire cosa necessita il vostro organismo. Quello che desiderate e quello che vi fa bene non sempre coincidono.
- Mantenere una dieta sana soprattutto nella seconda metà del ciclo e in prossimità delle mestruazioni.
- Conservare a portata di mano del buon cibo per evitare di dover fare

ricorso a "schifezze".
- Non fare la spesa quando si avverte fame.
- Procurarsi un buon libro di cucina naturale o ricette per preparare cibi integrali e senza l'aggiunta di zuccheri. Organizzare i tempi in cucina: cucinare in modo sano richiede del tempo, i legumi e i cereali non hanno fretta.
- Masticare bene: la prima digestione, soprattutto dei carboidrati, avviene in bocca. La masticazione aiuta anche la secrezione nello stomaco dell'acido idrocloridrico, essenziale per la digestione delle proteine.
- Mangiare in tranquillità: se vi sentite agitate o turbate, aspettate un po'.
- Alcuni oli sono fondamentali nella dieta, scansare in ogni caso i cibi fritti e molto grassi nei giorni del ciclo.
- Durante il ciclo i pasti devono essere leggeri, preparati con alimenti facilmente digeribili. Ad esempio: una zuppa con un cereale, delle verdure e dei legumi o un po' di pesce, con sopra dello zenzero grattugiato sarebbe l'ideale.
- Preferire il cibo scongelato preparato da voi piuttosto che quello confezionato; sempre meglio che ritrovarvi affamate e correre a prendere una fetta di pizza perché non avete nulla in casa.
- Non cucinare in pentole di alluminio e rame: usare solo tegami di vetro o acciaio inox.
- Ridurre al minimo il cibo in scatola e in lattina.
- Leggere attentamente le etichette, evitando cibi con coloranti e additivi chimici.

Soia, sì o no?

Sebbene i prodotti derivati dalla soia, come il tofu o il latte di soia, siano considerati un'ottima fonte di proteine e una panacea per i dolori mestruali, alcuni dietologi credono che siano da evitare perché di difficile digestione.
Un'ulteriore aggravante è rappresentata dal fatto che i fagioli di soia sono stati tra i primi alimenti a essere geneticamente modificati; per questa ragione vi incoraggio a consumare solo soia di provenienza biologica o biodinamica.
I derivati della soia (latte e tofu) sono ottenuti, quelli di provenienza biologica, con metodi tradizionali quali l'ammollo, la cottura lenta e prolungata, e la fermentazione naturale, quindi sono "buoni". Ci sono altri alimenti a base di soia (lo stesso latte e formaggio, ma anche alcu-

ni integratori e il latte in polvere per neonati) che vengono preparati con mezzi tecnologici ad alta velocità che purtroppo snaturano il cibo. Alcuni ricercatori hanno riscontrato che tali prodotti sono difficili da digerire e possono provocare perdite di calcio, zinco, vitamina B_{12} e vitamine A e D.
Comunque non è necessario consumare i prodotti di soia per avere un regime dietetico equilibrato, soprattutto se non vi piacciono, non sforzatevi, ascoltate il vostro corpo.

Cibo crudo, sì o no?

La medicina tradizionale cinese consiglia di non mangiare cibo crudo nella settimana che precede e in quella in cui avete il ciclo, perché ha un effetto raffreddante (yin) sull'organismo nel suo complesso e la sua digestione richiede più energia. È buona norma limitare il consumo di alimenti che raffreddano anche nelle calde giornate estive. In generale, quando si sanguina, durante le mestruazioni è sempre preferibile optare per cibi cotti e caldi, più digeribili.
Secondo la naturopatia occidentale il cibo crudo è considerato "buono". Io provengo da un approccio macrobiotico in cui il cibo viene sempre cotto, ma nel tempo ho integrato la mia dieta anche con verdure crude che oggi costituiscono il 75% dei miei pasti e mi sento benissimo. È altrettanto vero infatti che con la cottura si distruggono molti enzimi fondamentali per una buona salute.
Scegliete voi il cibo più adatto al vostro organismo: se avete dei disturbi digestivi andateci piano con le verdure crude, magari all'inizio preferite una leggera cottura al vapore, scottatele velocemente in acqua bollente o saltatele in padella.

LA VOCE DELLA VERITÀ

Il mondo ci muove e noi muoviamo il mondo. Non siamo unità indipendenti ed isolate, risultiamo essere collegate al mondo in innumerevoli maniere. Il nostro benessere e quello del mondo sono correlati, quindi cominciamo a considerarci una cosa sola.
I disturbi mestruali, sebbene siano sintomi localizzati in un corpo specifico, parlano anche del tempo e dello spazio in cui quel corpo vive. Abituandovi ad ascoltare il vostro corpo nel modo che vi ho mostrato, inizierete anche a rispondere alle sollecitazioni del mondo esterno. È inevitabile che il vostro agire avrà effetto anche sulla realtà esteriore.
Le mestruazioni sono una finestra aperta su nuove possibilità, uno spiraglio attraverso il quale si possono scorgere i movimenti di anima e corpo. Questa finestra si affaccia anche sui sogni del mondo. I sintomi sono la richiesta che vi viene dal mondo, di operare dei cambiamenti per renderlo un luogo migliore. Considerare la malattia un fenomeno isolato, scollegato dal proprio futuro e dalle sorti del mondo intero, è una visione ristretta e limitata.
La sensazione che molte donne avvertono durante alcune fasi del ciclo è che il mondo esterno sia troppo esigente con loro. Saremmo più felici se potessimo fermarci per un po' e andare ad infilarci in un bozzolo, lontano da impegni, telefoni, cellulari e fax. Un nido protetto non segnato sulle mappe che può essere trovato solo seguendo il nostro desiderio mestruale di solitudine, silenzio e pace!
È come se durante le mestruazioni il mondo approfittasse della nostra vulnerabilità per parlarci delle sue condizioni e dei suoi bisogni. Se trattate i vostri sintomi come qualcosa da risistemare al più presto per far tornare tutto come prima, tradite voi stesse e il mondo, e questo tradimento, alla lunga, si ritorcerà contro di voi sabotando i vostri tentativi di trovare un sollievo duraturo.

Come fare, allora, quando le persone intorno a noi non sono disposte a lasciarci abbandonare il nostro solito modo di fare produttivo, efficiente ed efficace per rispondere al bisogno impellente di fare le difficili e di essere taglienti ed impietose? Come si fa quando non si ha voglia di fare le brave?

Inizialmente sarà necessario appellarsi alla meravigliosa capacità delle donne di fare molte cose contemporaneamente: riposarsi continuando ad andare al lavoro o a seguire i bambini; staccare la spina dal mondo mentre si sta ancora facendo qualcosa. La maggior parte di noi non gode del privilegio di non doversi guadagnare da vivere, e le esigenze dei figli non cessano solo perché sanguiniamo. Eppure esistono delle soluzioni per risolvere questo enigma. Il primo passo è di sentirsi a proprio agio nel seguire il ritmo che cambia e visualizzare quello che vi piacerebbe fare o avere. Ricordate sempre che le mestruazioni possono rappresentare una possibilità di analizzare e riordinare la vostra vita.

Quante volte vi è stato detto che i vostri sentimenti appassionati non sono razionali e sensati e quindi non sono importanti? Vi dicono che siccome siete immerse nel "sentire" non siete più in grado di rispondere in modo ragionevole o intelligente. Questo è l'approccio più comune in molte culture, quello basato sul ragionamento razionale astratto. Una tirannia si è imposta su di noi come individui e sul mondo intero; una visione parziale e riduttiva che limita la nostra comprensione dell'esistente forzandoci a stare alle regole di ciò che si conosce già e impedendoci di affidare all'ignoto il compito di guidarci, ispirarci ed insegnarci.

Dobbiamo imparare a fidarci delle nostre sensazioni e considerarle segni di qualcosa che non è ancora conosciuto dalla mente razionale. Veniamo espanse oltre i confini del conosciuto e ci viene chiesto di agire in nome di qualcosa che va oltre noi stesse, ma che in un certo senso siamo ancora noi. Ci chiede di concederci di sperimentare pienamente e consapevolmente i sentimenti che nascono in noi. È questo stesso sentire che ci darà le indicazioni. Saltare a conclusioni razionali senza lasciarsi coinvolgere dall'intelligenza che c'è dietro all'esperienza, ci svuota di ogni vitalità e porta ad un vicolo cieco.

A volte immagino la donna come un cane che fiuta una traccia. Il cane si lascia coinvolgere totalmente, finché la sua attività lo porta in un punto preciso. Le nostre sensazioni sono un po' come le tracce che ci ha lasciato la terra per guidarci ed aprirci alla conoscenza e alla saggezza. Le intuizioni e i sentimenti sono immediati: scavalcano qualsiasi preconcetto per cogliere il tutto.

Durante le mestruazioni i talenti dell'emisfero destro si accentuano; è proprio allora che ci allontaniamo maggiormente dall'etica generale che afferma "meglio rimanere freddi e distaccati". Considerate le mestruazioni come una liberazione, un'occasione facile e diretta per conoscere il mondo. Andateci piano, è una via alla conoscenza che non si può percorrere in fretta. Richiede tutto quell'immaginario fluido e sognatore in cui vi specializzate sanguinando.
In alcune culture le donne, durante il mestruo, cessavano ogni attività e si ritiravano dalla vita sociale. Lara Owen nota, come nelle culture che erano a proprio agio con il potere femminile, questo isolamento fosse considerato un momento positivo e sacro. In altre situazioni si verificava l'opposto, la donna veniva mandata via perché ritenuta pericolosa per la comunità (Owen, 1993).
La sua presenza infatti avrebbe danneggiato i raccolti, influenzato negativamente la caccia, reso impotente l'uomo; non le era permesso nemmeno di preparare cibi o bevande.
I rituali mestruali inizialmente furono decisi dalle donne. Sebbene siano poi stati interpretati in modo negativo, furono loro a crearli. Indipendentemente dalla considerazione che gli si riserva, questi percorsi nascondono un grande potere.
In che modo possiamo trarre beneficio da queste storie antiche, noi che non possiamo permetterci di ritirarci se non in qualche rara occasione? Significa forse che stiamo rendendo un cattivo servizio sia a noi stesse che al mondo? Forse siamo davvero un pericolo per la società, forse è vero che roviniamo il cibo. Prima che pensiate che sono impazzita per aver appena riportato la concezione della donna ad almeno un secolo fa, chiarisco che non credo affatto che siamo capaci di portare sfortuna a nessuno. Credo invece che in quei giorni abbiamo a disposizione un grande potere per influenzare il mondo.
Ignorare i nostri sentimenti e le nostre esigenze può essere pericoloso. I talenti mestruali non vogliono essere sprecati su incombenze di ordine quotidiano, come cucinare e tutte le altre cose che vengono ripetute ogni giorno. Conosco diverse donne che non cucinano bene quando sanguinano; a quante di voi in quei giorni accadono dei piccoli incidenti con gli oggetti? Combinate qualche guaio più del solito?
È proprio vero che siete portate a turbare l'equilibrio: c'è una parte di voi profondamente scocciata di dover sprecare le proprie abilità visionarie e rigenerative continuando a fare le solite cose di sempre! Cercare di non recare disturbo è come cercare di fermare le forze del cambiamento; si spreca qualcosa di grande e prezioso.

Ho riflettuto spesso sulla scelta di chi decide di ritirarsi dal mondo per condurre una vita ascetica. Credo che scelte come queste siano di vitale importanza per la stabilità del mondo. C'è una conoscenza alla quale si può accedere soltanto varcando certe soglie. Il mondo sarebbe un posto ancora più pazzo di quello che è già se non fosse per queste persone che mantengono uno spazio di silenzio e solitudine. Se quando avete voglia di mollare tutto per un po' vi sentite in colpa e irresponsabili, pensate ad Eraclito che disse: "Anche i dormienti sono lavoratori e collaboratori nelle cose del mondo".
Il ritiro della donna durante le mestruazioni era considerato un lavoro di guarigione per l'intera comunità. Owen ci spiega che i Cherokee riconoscono alle mestruanti "la funzione di pulire e centrare non solo se stesse ma tutta la famiglia, quindi anche la tribù". Ricevono le visioni, dicono la Verità, hanno la funzione di sacerdotesse ed oracoli. Questo è il nostro impegno verso il mondo: credo che il vero pericolo stia nel cercare di sottrarvisi; anche il solo tentativo aggrava le difficoltà mestruali.
Ci sono diverse cose che si possono fare: una è senz'altro quella di conquistarsi un ritiro mestruale o perlomeno un rallentamento. Si può anche provare a indirizzare il potere mestruale verso il proprio ambiente. Ad esempio, anziché ignorare i propri sentimenti e il bisogno di lentezza, fate buon uso di queste qualità. Se vi ritrovate a piangere, consideratelo un modo per ammorbidire l'insensibilità che imperversa nel mondo. Notate quello che di nuovo nasce dentro di voi quando vi ammorbidite.
Usate la vostra sensibilità per leggere oltre l'ovvio e comprendere le situazioni in profondità. Influenzate gli altri con la saggezza del vostro vivere lento. Ascoltatevi. Se nel premestruo divenite insopportabili, non chiedete scusa, piuttosto esprimetelo! Siate critiche e fatevi valere. Ricordo una donna che sfruttava la propria aggressività premestruale per sistemare delle questioni difficili sul lavoro, specialmente se si trattava di affrontare uomini che avevano più autorità di lei. In quei giorni di certo non si lasciava confondere!
Trovate il modo di stare più tempo da sole anche se siete in ufficio, così potrete trovare nuove soluzioni e diverse modalità creative di fare le cose. Verrà il giorno in cui le capacità delle donne durante le mestruazioni o dopo la menopausa saranno utilizzate in programmi di ricerca e sviluppo! Continuate a vagare nei vostri stati intuitivi, a sognare ad occhi aperti e notate quali cose meravigliose accadono quando smettete di stare sull'attenti. Approfittate del tarlo che colpisce così tante

donne, per portare a termine tutte le questioni irrisolte della vostra vita, per fare pulizia.
A volte la donna quando sanguina, per via della sua acuta permeabilità, agisce da catalizzatore, attirando la carica energetica inespressa dall'atmosfera che la circonda. Forse sentirete delle cose che non sono del tutto vostre o forse fungerete da oracolo per esprimere delle problematiche nell'ambito familiare, lavorativo o nell'ambiente circostante, sono questioni che riguardano tutti, non soltanto voi, ma magari sarete voi ad avvertirle anche per gli altri, soprattutto se si tratta di persone che non sono in contatto con il proprio sentire.
Altre volte il disagio può essere alimentato dall'ingiustizia sociale. La vostra rabbia potrebbe nascere dalla capacità di vedere l'ingiustizia e sentire l'urgenza di esprimerla. Io credo che ci sia anche una rabbia archetipica all'opera nelle donne. Una rabbia che risiede nel cuore del nostro essere, che viene tramandata di generazione in generazione, la rabbia verso le ingiustizie che sono state perpetrate contro le donne nel corso dei secoli. Mi basta ricordare i roghi medievali in cui diverse migliaia, forse milioni, di donne sono state bruciate vive perché considerate streghe, e già sento salire la rabbia. Una strega poteva essere qualsiasi donna indipendente, libera nel pensiero, a volte addirittura guaritrice, ostetrica o erborista. Furono perseguitate e bruciate dall'Inquisizione della Chiesa Cattolica che riteneva che solo gli uomini fossero in grado di detenere tali poteri e abilità.
Le ingiustizie contro le donne continuano ancora oggi: violenza domestica, iniquità nel lavoro, mutilazione genitale e sfruttamento sessuale sono solo alcune delle forme usate. Questi problemi globali possono incendiare il nostro disagio personale. Poterlo riconoscere forse vi aiuterà a capire e a gestire i vostri moti esplosivi, o addirittura ad incanalare la loro forza per cominciare a cambiare il mondo.

NOI E L'AMBIENTE

Siamo alle strette. Nelle nostre vite industrializzate, usa e getta, ad alta tecnologia, ci illudiamo di dimenticare che facciamo parte della natura. È assolutamente perentorio che ognuno di noi si fermi ad ascoltare i lamenti del mondo e se ne prenda la responsabilità. Ci sono già situazioni di emergenza su larga scala, tra cui gravi siccità che affliggono i paesi in via di sviluppo, l'impoverimento del suolo che riduce la fertilità dei terreni e il potenziale agricolo, e la distruzione irreversibile della foresta pluviale e delle barriere coralline. Nel 2000 il direttore generale del programma ambientale delle Nazioni Unite, Klaus Topfer, disse che per ribaltare la situazione di degrado ambientale, l'eccessivo consumo da parte dei paesi ricchi nel mondo avrebbe dovuto essere ridotto del 90%. Ora paghiamo il prezzo per aver distrutto i sistemi naturali; lo paghiamo anche con la nostra salute. L'endometriosi, i fibromi, la dismenorrea, il dolore e l'angoscia premestruali, le ovaie policistiche sono tutti sintomi correlati all'inquinamento.
Alcune ricerche provenienti dalla Germania dimostrano che le donne colpite da endometriosi presentano nell'organismo alti livelli di bifenili policlorinati e diossine. Alcune sostanze chimiche come i pesticidi, la plastica e i metalli pesanti sono estrogeno-simili: si agganciano ai recettori di estrogeni, alterando l'equilibrio estrogeni/progesterone e quindi la naturale sinergia del corpo femminile. Nuotiamo in un mare di ormoni sintetici che danneggiano non solo i corpi delle donne, ma tutto l'ambiente, un fenomeno noto come "femminilizzazione della natura". A pensarci c'è dell'ironia: il Femminile scacciato si ripresenta per altre vie con tutta la sua carica distruttiva! Se gli effetti non fossero così catastrofici, sarebbe buffo.
L'esposizione quotidiana a sostanze chimiche tossiche e a radiazioni elettromagnetiche ha notevolmente indebolito la naturale capacità del

corpo di autorigenerarsi. Ci sono sostanze chimiche nell'acqua che sgorga dai rubinetti e nel cibo che mangiamo: la carne viene gonfiata con sostanze cancerogene ed estrogeni, la frutta e la verdura spruzzate con pesticidi tossici; altre sostanze chimiche si trovano negli elettrodomestici che usiamo ogni giorno, come il forno a microonde, la televisione, la coperta elettrica, gli orologi elettrici, i computer, i telefoni cellulari e i fax; innumerevoli derivati del petrolio si trovano nei detersivi, negli insetticidi, nei concimi, negli abiti, sui mobili, nei prodotti per capelli, nei saponi, nei cosmetici, nei profumi, nelle pitture, nella plastica, nei giornali, nelle riviste e nei libri. Fuori casa siamo assediati dall'inquinamento dovuto alle automobili e al traffico pesante, agli aeroplani, alle industrie e all'agricoltura. Goccia dopo goccia l'accumulo nell'organismo di tutti questi fattori stressanti crea una grande confusione nella fisiologia umana, con effetti quali il cancro, la sterilità, l'immunodepressione, i problemi di parto e le deformazioni neonatali.
È assolutamente essenziale, se vogliamo guarire e mantenere un certo benessere, ridurre gli agenti inquinanti nella nostra vita di ogni giorno e prenderci cura dell'ambiente. Ricordate che se il pianeta affonda, noi gli andiamo dietro. Al momento la volontà politica di operare dei cambiamenti è pressoché nulla, ma non possiamo permetterci di aspettare che i governi facciano qualcosa. Dobbiamo agire per conto nostro prestando attenzione alle decisioni che prendiamo ogni giorno. Non sottovalutate mai il potere dei vostri singoli gesti per fare la differenza; anche se avrete un effetto soltanto sull'ambiente che vi circonda, aiuterete comunque la vostra famiglia, gli amici e i colleghi, e goccia dopo goccia, il vostro rifiuto di inquinare si accumulerà in un grande "sì" all'ambiente. Il consumatore ha nelle mani un enorme potere.
Col tempo, ripulendo il vostro ambiente e mettendo in pratica i cambiamenti salutari che vi consiglio, cavalcherete l'onda del benessere. Forse questo vi ispirerà a fare altri passi più grandi per sostenere qualche organizzazione ambientalista, sociale oppure per riorganizzare la vostra vita basandola su nuovi principi. Che soffriate di disturbi fisici oppure no, vi esorto a leggere i seguenti suggerimenti: sono punti di partenza per operare dei cambiamenti nell'ambiente in cui vivete.

Il cibo

Il cibo può essere sciupato se viene cotto in pentole di alluminio o ceramica, oppure imballato in maniera inadeguata. Il cibo cotto o scongelato nel forno a microonde può causare dei cambiamenti nel sangue. Si tratta di un processo simile a quello che porta al cancro (Best, 2000).

Cosa si può fare

- Evitare il cibo in scatola o lattina e gli imballaggi di plastica. Una volta a casa rimuoverlo dalla plastica e cambiare contenitore.
- Conservare il cibo in contenitori di vetro.
- Riporre le verdure in sacchetti di carta o di stoffa.
- Servirsi di sacchetti di cellophane solo per congelare.
- Evitare le pentole di alluminio e rame; non conservare gli alimenti nella carta stagnola[3].
- Preferire per la cottura le pentole di vetro.
- Evitare il tetra-pack se il rivestimento interno è in alluminio.
- Non usare il microonde soprattutto per il cibo dei bambini.
- Bere e cucinare solo con acqua filtrata; il sistema migliore è l'osmosi inversa.
- Non consumare cereali da colazione già pronti, solitamente sono ricchi di fibre aggiunte, quindi di crusche lavorate industrialmente e se provenienti da coltivazioni non biologiche intrise dei residui di pesticidi.
- Scegliere prodotti biologici e biodinamici ed evitare gli alimenti geneticamente modificati o irradiati.

Il corpo

I prodotti per il corpo e per i capelli sono un crogiolo di sostanze chimiche, la maggior parte delle quali vengono usate anche nell'industria pesante. Ad esempio, il popylene glycol presente nei prodotti per capelli, nei deodoranti e nei dopobarba, è lo stesso ingrediente utilizzato nell'olio dei freni e nell'antigelo. Il polyethilene glycol che si trova in molti detergenti, è una sostanza caustica usata per sciogliere oli e grassi. Poiché la pelle assorbe queste sostanze è un po' come se le mangiassimo (nel caso del rossetto le mangiamo davvero!). Prima di spalmare qualsiasi prodotto sulla pelle verificate la sua qualità.

La buona notizia è che più il vostro corpo diventa sano, meno avrete bisogno di ricoprirvi di pozioni. La bellezza è una questione interiore; l'inquinamento è il fattore principale dell'invecchiamento. Ripulite il vostro stile di vita, l'ambiente e la dieta, e avrete un aspetto formidabile! Ricordate anche che la cosmetica è un'industria imperfetta, quindi limitatene l'utilizzo.

3. N.d.r.: La carta argentata rilascia nel cibo microparticelle di alluminio (invisibili ad occhi nudo) provenienti dalla sua lavorazione, che risultano essere tossiche se ingerite.

Che cosa si può fare

- Usare cosmetici e profumi a base vegetale; il prodotto erboristico non sempre è davvero naturale, quindi leggere attentamente le etichette!
- Evitare quei prodotti contenenti: sodium lauryl/laureth sulfate, talco, oli minerali, alluminio, glycol, e quelli che menzionano la dicitura "prop", come ad esempio, propyl, propamina, isopropyl, propanol e propylene.
- Contattare il numero verde della ditta produttrice per chiedere maggiori informazioni sulla provenienza e la manifattura del prodotto.
- Evitare il fondotinta perché non lascia traspirare la pelle.
- Scegliere dentifrici senza zucchero, fluoro e sodium lauryl sulphate.
- Non tingere i capelli, specialmente di colori scuri.
- Usare solo detergenti biodegradabili senza l'aggiunta di profumazioni e coloranti.
- Evitare la pulitura degli abiti a secco; se è necessario, lasciarli all'aria aperta per qualche giorno prima di indossarli.
- Rinunciare a deodoranti e antitraspiranti, specialmente quelli che contengono alluminio. Indossando abiti in fibre naturali, si suda di meno. Inoltre l'odore corporeo migliorerà con una dieta più leggera ed equilibrata; in ogni caso il miglior deodorante è una spolverata del buon vecchio bicarbonato di sodio. Se la polvere provoca irritazioni, sceglierne uno di qualità migliore.
- Smettere di fumare ed evitare il fumo passivo.
- Evitare le otturazioni con amalgama di mercurio; nel caso si decida di sostituirle, accertarsi che questa operazione venga fatta da un dentista esperto che rispetti il protocollo. Prima di decidere a riguardo, informarsi bene.
- Evitare per quanto possibile di esporsi ai raggi X; non stazionare a lungo vicino ai monitor dei computer (per evitare l'esposizione alle radiazioni ionizzanti è necessario porsi a una distanza minima di 50 centimetri dallo schermo). Preferire i monitor a cristalli liquidi che non emettono radiazioni.
- Evitare contraccettivi orali e dispositivi intrauterini (spirale ecc.).
- Ridurre al minimo l'uso di tamponi interni, soprattutto se avete mestruazioni dolorose.

La casa

Se pensate che la vostra casa sia un'oasi felice in cui non regna l'inquinamento, purtroppo non è così. La casa può diventare un luogo malsano se inquinato da saponi, detersivi, pesticidi, pitture a piombo, moquette sintetiche e mobilio trattato con sostanze tossiche. Comunque non disperatevi, è sufficiente qualche accorgimento per trasformarla in un luogo più sicuro.

Cosa si può fare

- Per le pulizie di casa servirsi dei prodotti di una volta come il bicarbonato per lavandini, frigoriferi, bagni e toilette, l'aceto bianco contro il calcare.
- Evitare i pesticidi per allontanare gli insetti molesti, se necessario scegliere quelli a base di piretro e olio di neem.
- Accettare la convivenza con gli insetti per quanto possibile; riporre sempre il cibo in contenitori ermetici o in frigorifero e lasciare la cucina sempre pulita. Per gli scarafaggi lasciare in giro una ciotola con della birra: almeno moriranno felici!
- Ridurre al minimo l'uso di plastica (per esempio i sacchetti), carta da imballaggio o pellicola; preferire le borse di stoffa per portare la spesa.
- Evitare gli spray.
- Areare sempre la casa, soprattutto i bagni, per evitare la formazione di muffa.
- Tenere in casa piante che assorbono l'inquinamento[4].
- Installare filtri anti-cloro nei rubinetti di doccia e vasca; il cloro si assorbe anche attraverso la pelle o respirando il vapore.
- Usare ionizzatori, specialmente di notte oppure lasciare uno spiraglio di finestra aperta in modo che gli ioni negativi si spargano per la stanza.
- Nei casi di ristrutturazione scegliere prodotti atossici (pittura, vernici, colle, diluenti ecc.).
- Evitare se possibile la moquette preferendo pavimenti in legno trattati con prodotti naturali e tappeti in fibra naturale.
- Gli amanti del giardinaggio possono imparare le tecniche di compostaggio e permacultura per evitare l'utilizzo di pesticidi e diserbanti, e per rendere il proprio giardino più bello e felice!

4. N.d.r.: Ci sono piante che svolgono un'azione depurativa (*Aloe vera, Dracaena marginata, Chamaedora elegans, Spathiphyllum, Ficus benjamina, Philodendron, Sansevieria, Aglaonema*) e di assorbimento delle radiazioni elettro-magnetiche (*Olea europaea, Tillantsia juncea, Cactus mexicana, Ruscus aculeatus, Palmea, Viscum album*).

Il lavoro

Se lavorate in un ufficio, è probabile che correte gli stessi rischi che a casa: detergenti chimici, rivestimenti sintetici e radiazioni emesse dagli apparecchi tecnologici. Molti uffici sono anche ambienti sigillati in cui non entra mai aria fresca e, se dislocati in città, l'aria apparentemente pulita che respirate nella pausa pranzo è altrettanto malsana. Ci sono poi alcuni mestieri particolarmente esposti al contatto con sostanze tossiche (ad esempio parrucchieri, fotografi, estetiste, agricoltori, chimici, operai di tessuti e pellami, meccanici, carrozzieri e produttori di automobili). Lo stesso vale per chi lavora nelle industrie alimentari ed elettroniche, nelle tipografie, in aziende che producono ceramica e nelle vetrerie, negli ospedali e, in generale, per tutti gli operatori della salute. Le sostanze con cui queste persone vengono a contatto potrebbero avere degli effetti sul sistema immunitario e la salute generale, inclusa naturalmente quella mestruale.

Cosa si può fare

- Informarsi sui prodotti utilizzati.
- Seguire le precauzioni previste alla lettera.
- Ventilare gli ambienti il più possibile.
- Se si tratta di una situazione grave, considerare la possibilità di cambiare lavoro.
- Servirsi di ionizzatori e molte piante, il giglio di pace (*Spatiphyllum*) e la pianta del ragno (*Chlorophytum comosum*), adatti ad assorbire le radiazioni emesse da apparecchiature elettroniche come i computer.
- Sistemare accanto al computer un cristallo di tormalina nera (per ripulirlo lasciarlo in acqua e sale per 24 ore una volta al mese).
- Non chinarsi sulla fotocopiatrice quando è in funzione.

La città

Vivere in grandi città è senz'altro difficile, anzitutto perché è quasi impossibile respirare aria pulita e fresca. È quindi molto importante cercare di intervenire su ciò che è alla nostra portata come mantenere uno stile di vita sano, mangiare bene e fare esercizio fisico.

Cosa si può fare

- Usare l'auto solo quando è proprio necessario.
- Nel traffico e nei parcheggi sotterranei chiudere i finestrini.

- Mettere uno ionizzatore in macchina.
- Non inalare i vapori quando si fa benzina.
- Non fare ginnastica o jogging in mezzo al traffico.
- Evitare il fumo passivo.

Le radiazioni

Le radiazioni elettromagnetiche provengono da tutte le apparecchiature elettroniche: forni a microonde, strumentazioni ad alta tensione, televisori, telefoni cellulari ecc. Purtroppo non è facile evitarli, potete provare a ridurne l'utilizzo almeno in casa, ad esempio non servitevi di sveglie elettriche e asciugacapelli.

Cosa si può fare

- Evitare le coperte elettriche, o perlomeno spegnerle prima di coricarsi a letto.
- Non tenere un orologio elettronico vicino al letto.
- Evitare di usare l'asciugacapelli.
- Staccare la spina dagli elettrodomestici se non sono in funzione.
- Non dislocare letto e poltrone vicino alla televisione e alle fonti di corrente.
- Usare lo ionizzatore, soprattutto quando si lavora al computer. Sistemarlo in alto sopra al monitor oppure posizionarne due ai lati; in alternativa mettere nelle vicinanze piante anti-radiazioni (tillanzia, vischio, piante grasse o palme).
- Trascorrere più tempo possibile a contatto con la natura; fare bagni depurativi con sale grosso o sali inglesi (detti anche sali di Epson).
- Spegnere il computer quando non in uso.
- Bere molta acqua durante la giornata, soprattutto se in contatto con apparecchi elettronici.

CONSIGLI UTILI

La borsa da viaggio della donna di potere

Per prepararsi alla partenza con il genio selvaggio è importante mettere in pratica quanto segue, adattandolo al vostro carattere ed alle vostre necessità.

- Prestate attenzione a tutto il ciclo; tracciare una mappa in modo da sapere sempre in che fase vi trovate. Anche se le mestruazioni si ripresentano con la puntualità di un orologio, seguire lo schema per vedere dove vi porta.
- Indicate sul diario i giorni in cui avrete le mestruazioni e programmate, per quei giorni, il minimo indispensabile. Praticare il pensiero minimalista.
- Prendete nota e consapevolezza delle vostre tendenze nei giorni del sangue per prepararvi e darvi sostegno.
- Fate la spesa per tempo in modo da avere molto buon cibo in casa.
- Se le mestruazioni hanno inizio nei giorni di lavoro, provare a regalarvi un "giorno sacro di riposo" nel giorno di festa più vicino.
- Tenete un diario dei sogni, notare se i vostri sogni seguono uno schema ciclico.
- Porsi queste domande: se nei giorni precedenti e durante le mestruazioni fossi libera di seguire i miei desideri naturali senza temere il giudizio degli altri, che cosa farei? Di che cosa ho maggiormente bisogno in quei momenti?
  Se riuscite a dare risposta alle vostre necessità farete il primo passo verso la libertà dalla sofferenza, la miglior medicina preventiva!
- Siate un po' più "irrazionali ed irragionevoli" durante tutto il mese, non aspettate le mestruazioni per ripristinare questo meraviglioso talento!

- Compiacetevi più spesso.
- Chiedetevi se portate troppe cose sulle vostre spalle, impedendo così agli altri di fare la loro parte. Delegate, chiedete aiuto e non sarà più necessario biasimare chi vi circonda perché non si assume le proprie responsabilità.
- Pensate a come gli altri vi potrebbero essere utili: ricordate che chiedere aiuto è segno di grande sensibilità.
- Diventate consapevoli del fatto che le mestruazioni vi mettono faccia a faccia con un aspetto del vostro potere. Riflettete sul fatto che siete una donna di potere e forse non sapete ancora come usare questo potere in modo efficace.
- Anziché fingere che non siano importanti, rispondete con autorevolezza ai fastidiosi commenti che sminuiscono il valore delle donne. Se non trovate una risposta immediata, riprendete il discorso dopo qualche tempo, quando avrete chiaro che cosa dire.
- Siate pronte alle reazioni esterne a questo allenamento dei vostri nuovi muscoli.
- Trovate delle modalità innocue di esercitare il vostro lato pungente e cattivo, come ad esempio la recitazione, l'improvvisazione o lo psicodramma.
- Imparate a conoscere il critico interiore, studiare come vi insidia e gli effetti dei suoi attacchi vi insegnerà a gestire meglio le critiche, vostre ed esterne.
- Non sottovalutate né dimenticate quello che avviene durante le mestruazioni, in modo da non farvi cogliere impreparate il mese successivo. I vostri sintomi contengono un prezioso messaggio per la vostra vita.
- Fate meno; non vi sto suggerendo di rinunciare al sogno della vostra vita, ma semplicemente di riconoscere che siete umane, non bioniche. Concedetevi più tempo per raggiungere i vostri obiettivi.
- Domandatevi se questi obiettivi sono condizionati dalle aspettative familiari o culturali. Invece di assecondare i desideri altrui, utilizzate la reattività mestruale che vi caratterizza in alcune fasi del ciclo come un aiuto per vedere con chiarezza quello che volete veramente.
- Nei giorni delle mestruazioni riposate, andate a letto presto, dormite fino a tardi e fate dei pisolini. Assicuratevi di avere tempo per sognare.
- Scegliete un semplice rituale per celebrare la fase mestruale del ciclo.
- Viziatevi.
- Coccolatevi e siate dolci con la vostra parte più morbida.

- Durante il sangue evitate gli eventi mondani, soprattutto se prevedono pasti elaborati e molti alcolici. Se rinunciate ad alcuni appuntamenti non è necessario giustificarvi con gli altri, potete semplicemente dire che avete voglia di un po' di tempo per voi.
- Muovetevi al ritmo del corpo, non della mente.
- Quando sanguinate state al caldo. Se soffrite di crampi, evitate di nuotare nell'acqua fredda e nelle piscine con molto cloro. Negli altri giorni il nuoto è un ottimo esercizio.
- Durante la giornata prestate un po' di attenzione alla parte fisica di voi stesse; notate dove ci sono delle tensioni e rilasciatele con il respiro o il movimento. Rilassate la pancia e lasciate che tutta la zona addominale si ammorbidisca.
- Programmate di fare un po' di ginnastica, aumentando gradatamente il tempo e l'impegno. Durante il giorno camminate il più possibile.
- Alla fine della giornata prendetevi qualche minuto per rilassare il corpo ed i pensieri senza altre distrazioni. Sdraiatevi, ascoltate il corpo ed il respiro. Instaurate una routine di rilassamento o meditazione.
- Provate la psicoterapia o altre forme di terapia psicologica, oppure cercate un gruppo che porti avanti il lavoro di guarigione insieme a voi; è importante non sentirsi sole in questo viaggio.
- Attingete al potere delle mestruazioni. Quando sanguinate sentite la profonda autorità che è in voi e prendetela come punto di partenza.

Ricette curative

I rimedi casalinghi costituiscono un ottimo sostegno, economico e atossico per la salute generale e possono rivelarsi utili per alleviare i dolori mestruali. È importante prendere l'abitudine di avere cura di voi stesse ogni giorno.

Tè alle ortiche

Questa bevanda ricca di minerali è un eccellente tonico. L'erborista americana Susan Weed considera il tè all'ortica un ottimo alleato per le donne: due tazze al giorno di infuso stabilizzano l'energia nel sistema ormonale e riproduttivo, nutrono il sangue ed espandono la capacità delle cellule di metabolizzare le sostanze nutritive

Benefici:
- rafforza i reni e le ghiandole surrenali;
- è un rimedio contro la stanchezza;
- stabilizza gli zuccheri nel sangue;
- rafforza le ossa;
- allevia i crampi mestruali e il flusso troppo abbondante.

Ingredienti:
un paio di manciate di ortiche fresche o secche, preferibilmente biologiche, un litro di acqua bollita.
Mettere le ortiche in un contenitore col coperchio; aggiungere l'acqua bollente e lasciare in infusione per quattro ore. Bere il tè nell'arco di uno o due giorni. Conservarlo in frigorifero.
È un'ottima bevanda sia calda che fredda, ma mai ghiacciata.
In assenza di tempo, si può bere dopo aver lasciato le foglie in infusione per almeno 5 minuti.

Tè allo zenzero

Benefici:
- aiuta la digestione;
- attenua i crampi mestruali e la nausea;
- aiuta in caso di assenza temporanea del ciclo;
- è un rimedio per la stanchezza premestruale.

Ingredienti:
un pezzettino di zenzero fresco, una tazza di acqua bollente.
Grattugiare finemente un cucchiaino di zenzero, aggiungervi l'acqua bollente e lasciare in infusione per qualche minuto. Si può anche tagliare lo zenzero a fettine e lasciare sobbollire coperto per 5 minuti.

Zuppa di miso

Come la rinomata zuppa di pollo, è una panacea contro ogni male! Il miso può essere aggiunto come condimento a qualsiasi minestra o stufato, oppure si può provare la seguente preparazione (se si aggiunge una buona dose di alghe la zuppa risulterà essere ancora più ricca e nutriente).

Benefici del miso:
- proprietà fortificanti ed alcalinizzanti;
- rafforza il sistema immunitario;
- come lo yogurt è ricco di lactobacilli che aiutano la digestione e l'assimilazione di vitamine e minerali, però non deve essere bollito;
- cura e previene le malattie causate da radiazioni (è ottimo nei casi di

chemioterapia);
- neutralizza alcuni degli effetti del fumo e dell'inquinamento atmosferico.

Ingredienti per una porzione:
2 centimetri di alga kombu o wakame, una manciata di verdure (ad esempio: radice di daikon, zucca, carote, fagiolini, broccoli...), un cucchiaino di miso (di riso o di orzo), zenzero o un cipollotto grattugiato per guarnire, una ciotola di acqua (se possibile filtrata).
Lavare l'alga, affettare le verdure e porre il tutto in un pentolino con una ciotola d'acqua. Portare ad ebollizione e lasciare sobbollire con il coperchio finché le verdure risulteranno cotte ma ancora croccanti. Togliere l'alga e tagliarla a striscioline sottili, quindi aggiungerla nuovamente alla zuppa. Nella ciotola sciogliere mezzo o un cucchiaino intero (a piacimento) di miso con dell'acqua di cottura, zenzero o del cipollotto tritato. Poi versare la zuppa.
Il miso è ottimo anche per cominciare la giornata, soprattutto nei giorni del premestruo. Se avete fretta, potete semplicemente aggiungere del miso all'acqua bollente, magari con dello zenzero, un cipollotto, alga nori o aglio tritato. Delizioso!
Attenzione: chi soffre di candida albicans e altre infezioni da funghi o lieviti, non deve esagerare col consumo di miso.
Come tutti i cibi fermentati, anche il miso assorbe le tossine dai contenitori di plastica, quindi privilegiate l'uso di vasi in vetro.

Brodo

Ecco un altro toccasana per quelle di voi che non sono appassionate di alghe e che mangiano volentieri un po' di carne e pesce.
Ingredienti:
ossa di carne o lische di pesce, acqua, un cucchiaino di aceto.
Preparare il brodo di carne o pesce coprendo le ossa di acqua, portare ad ebollizione e poi cuocere a fuoco basso per circa 20 minuti. A cottura quasi ultimata aggiungere un cucchiaino di aceto: l'acidità dell'aceto estrae i minerali dalle ossa. Filtrare e bere.

Acqua e limone

Benefici:
- favorisce la digestione;
- rafforza il fegato;
- svolge un'azione disintossicante.

Ingredienti:
un limone biologico, 2 tazze di acqua filtrata.
Tagliare grossolanamente il limone e metterlo in un contenitore di vetro col coperchio; aggiungere 2 tazze di acqua e lasciare nel frigo per un paio di ore.
Bere un terzo di tazza dopo ogni pasto e nell'arco della giornata. Se se ne consuma una tazza al risveglio, il vostro fegato canterà dalla gioia! È ottimo ai primi sintomi di influenza o raffreddore.

Rejuvelac

Si tratta di una bevanda fermentata a base di germogli di grano. Ottima da bere o per la preparazione di formaggi ai semi o alle noci e altri prodotti fermentati.
Benefici:

- ripulisce l'organismo;
- migliora la flora intestinale;
- favorisce la digestione e l'assimilazione di vitamine e minerali.

Ingredienti:
una tazza di semi di grano, 9 tazze di acqua minerale o filtrata.
Primo ammollo: aggiungere 3 tazze di acqua per ogni tazza di grano e lasciare in ammollo per 48 ore (se l'acqua è calda sono sufficienti 36 ore), poi scolare. Per il secondo, terzo e quarto ammollo: usare gli stessi semi, aggiungere 2 tazze di acqua e lasciare in ammollo per 24 ore. Scolare dopo ogni ammollo.
Il Rejuvelac ha un sapore dolce; se risulta acido probabilmente la fermentazione sarà stata eccessiva.
Una tazza di semi di grano darà circa 9 tazze di bevanda; conservare in frigorifero al massimo 5 giorni. Il grano rimasto dopo l'ammollo può essere mangiato, cotto nel pane o fatto germogliare (Kenton,1984).

Un bel bagno caldo

Cosa c'è di meglio di un bel bagno caldo, con luci soffuse o a lume di una candela e una musica rilassante per godersi un po' di spazio per se stesse? Aggiungendo dei sali di Epson (detti anche sali inglesi), godrete del doppio beneficio del riposo e del magnesio che verrà assorbito dal vostro corpo: il magnesio è un minerale essenziale per intervenire su tutti i problemi mestruali, inclusa la SPM, i crampi, l'endometriosi ed i fibromi; aiuta anche il corpo ad ossigenarsi e ad eliminare le tossine. Usare sali inglesi durante tutto il mese, soprattutto se siete molto stres-

sate, vivete in ambienti particolarmente inquinati o esposti a radiazioni. I sali di Epson con qualche passeggiata all'aria aperta nella natura costituiscono un antidoto meraviglioso contro la stanchezza.
Le nonne consigliavano di non fare il bagno caldo con le mestruazioni. Sebbene al giorno d'oggi queste raccomandazioni possano apparire insensate, nascondono un fondo di verità. La medicina cinese infatti, ritiene che con le mestruazioni la donna perda energia vitale (*chi*); consiglia quindi alle donne di praticare solo attività che aiutino e stimolino il livello energetico. Il bagno caldo può risultare stancante e lasciare spossate, quindi ancora una volta è importante assecondare i bisogni del proprio corpo!
Attenzione: se amate trascorrere molto tempo in vasca, adoperate filtri anticloro.

È molto salutare fare il bagno con i sali inglesi almeno 2 o 3 volte la settimana. Se non è consuetudine stare in vasca a lungo, cercare di aumentare gradualmente la permanenza in acqua cominciando con un bagno di cinque minuti, poi dieci e così via.

1. Scaldare l'acqua fino a 40 gradi; è una temperatura sopportabile ma che farà sudare un po'.
2. Aggiungere all'acqua 4-6 tazze di sali inglesi e a piacimento una manciata di bicarbonato di sodio.
3. Immergersi per almeno 20 minuti.
4. Uscire senza sciacquarsi.
5. Sdraiarsi a letto o per terra ben coperte.
6. Restare ferme per 10 minuti. Ascoltare una pulsazione proveniente dalla spina dorsale. È il liquido spinale che viene spinto verso il cervello.
7. Godersi il rilassamento e questa nuova sensazione di vitalità!

Impacchi caldi

-Impacco di olio di ricino

Questo antico rimedio può essere d'aiuto in molte occasioni: endometriosi, cisti e fibromi, ciclo irregolare o assenza del ciclo (amenorrea) e per tutti gli altri disturbi mestruali. L'olio di ricino è un calmante del sistema nervoso, perfetto quindi nei casi di stress, insonnia, raffreddori ed influenza. Ottimo contro il gonfiore premestruale.
Gli impacchi di olio di ricino migliorano il funzionamento del sistema

immunitario e la capacità del corpo sia di eliminare che di assimilare le vitamine e i minerali. Agevolano il funzionamento degli organi e delle ghiandole, coadiuvano la circolazione linfatica ed aiutano a bilanciare l'acidità del sangue.
Attenzione: non usare l'impacco di olio di ricino durante il ciclo, soprattutto se il flusso è già abbondante.

Preparazione:
Mezza tazza di olio di ricino (pressato a freddo)
Un pezzo di garza di cotone o di lana, piegato in quattro e grande abbastanza da coprire l'addome
Un asciugamano grande su cui sdraiarvi
Un altro asciugamano piegato per coprire l'impacco
Borsa dell'acqua calda
Stoffa avvolgente o elastica per fissare l'impacco

1. Imbibire la garza di olio di ricino. La prima volta servirà mezza tazza, le volte successive un po' meno. La stoffa può essere lavata o gettata dopo l'uso.
2. Sdraiarsi su un asciugamano e appoggiare l'impacco sull'addome.
3. Coprire con la borsa dell'acqua calda.
4. Se possibile, avvolgere intorno al corpo una stoffa elasticizzata per fissare l'impacco e la borsa dell'acqua calda.
5. Coprire il tutto con un asciugamano piegato per mantenere il calore.
6. Coricarsi in questa posizione per 30-45 minuti. Il trattamento consente di godersi di un po' di relax, fantasticare, sognare e (come piace a me) dormicchiare!
7. Dopo l'uso l'impacco può essere conservato in frigorifero e nuovamente utilizzato.

Ci vuole molto impegno per prendersi cura di se stesse: iniziare gradualmente con un impacco di 20 minuti la settimana. Poi aumentare a tre giorni di fila e un giorno di pausa (se non tre giorni consecutivi, almeno tre volte alla settimana). Mantenere questo ritmo per tre o quattro mesi e poi ritornare ad un impacco alla settimana. Stare sempre in ascolto e assecondare le esigenze del proprio corpo.

-Impacco di semi di lino
Più semplici ed economici da utilizzare i semi di lino non richiedono così tanto tempo. Non posso garantirne personalmente l'efficacia per i

disturbi mestruali, ma si sono rivelati utili nei casi di stitichezza.

Preparazione:
1/3 di tazza di semi di lino (preferibilmente biologici)
Acqua minerale o filtrata calda
Un pezzo di stoffa di cotone per coprire l'addome
Un asciugamano su cui sdraiarvi

1. Tritare i semi di lino con il mortaio o comunque a mano affinché mantengano le proprietà curative.
2. Aggiungere abbastanza acqua da formare una crema.
3. Sdraiarsi su un asciugamano e spalmare la crema sull'addome.
4. Coprire con la stoffa di cotone.
5. Restare così per 10 minuti.

Iniziare gradualmente con un impacco di 20 minuti la settimana. Poi aumentare a tre giorni consecutivi con un giorno di pausa (se non tre giorni consecutivi, almeno tre volte alla settimana). Continuare per almeno tre o quattro mesi e poi ritornare a un impacco la settimana. Rispettare le esigenze del corpo.

La posizione del cervo

Questo esercizio necessita di un luogo tranquillo e di una decina di minuti di tempo. Principalmente aiuta a ricaricare l'organismo di energia.

Parte prima

1. La posizione si presta ad essere fatta sia vestite che nude, come vi sentite più a vostro agio. Provare entrambe le possibilità prima di scegliere. Per la prima parte: è importante che venga esercitata una pressione sulla regione perineale/vaginale con il tallone (siddha yoni asana). Sedere quindi a gambe incrociate, avvicinando il tallone nell'area indicata, affinché ci sia la pressione richiesta. Se la posizione risultasse scomoda, è possibile aiutarsi con un cuscino per sollevarsi un po'. In alternativa sedere su una sedia o sul bordo del letto con un piede a terra e l'altro sotto il perineo. Se anche questa soluzione risultasse scomoda, sedere sopra una pallina da tennis appoggiando entrambi i piedi a terra.
2. Rimanere nella posizione scelta, esercitando una pressione stabile sull'apertura vaginale.
3. Strofinare le mani una contro l'altra per scaldarle; appoggiare i palmi

sul seno e lasciare che il calore scenda in profondità.

4. Massaggiare gentilmente i seni con un moto circolare usando le prime tre dita delle mani e tenendo i pollici alzati (non usate i pollici). Il seno è delicato, quindi sarà sufficiente una leggera pressione; evitare i capezzoli.
5. Continuare il massaggio circolare per un minimo di 36 fino a un massimo di 360 rotazioni, rimanendo concentrate su quello che state facendo. Il senso della rotazione può essere sia verso il centro che verso l'esterno.

(La rotazione verso l'esterno facilita la dispersione. Le donne con un seno prosperoso o morbido noteranno una diminuzione di taglia; questo massaggio è indicato per prevenire la formazione di noduli e tumori al seno. La rotazione verso l'interno favorisce la stimolazione. Non è consigliato se in famiglia ci sono casi di tumore alla mammella. L'effetto è quello di aumentare il seno).

Parte seconda

La seconda parte è dedicata a nutrire e guarire il corpo e a riequilibrare il sistema endocrino con l'energia precedente prodotta.

1. Rimanere nella stessa posizione con la pressione sul perineo.
2. Portare la lingua sulla parte superiore del palato per creare un "circuito energetico".
3. Contrarre i muscoli anali e vaginali come se si dovesse raccogliere qualcosa e spingerla verso l'alto; mantenere questa contrazione il più a lungo possibile.
4. Mentre i muscoli sono in contrazione, portare l'attenzione tra le due sopracciglia. In questo modo l'energia viene direzionata anche alla ghiandola pineale. Ripetere le contrazioni del perineo per 3-4 volte, trattenendo per almeno 20-30 secondi alla volta e poi rilasciando.

Per mantenere la concentrazione non bisogna visualizzare il movimento dell'energia, ma semplicemente portare l'attenzione nella parte centrale della fronte. Con il tempo e la pratica l'esercizio diventerà sempre più facile e naturale, e si avvertirà un maggior contatto con se stesse e una piacevole sensazione di integrità e benessere. Inizialmente può apparire difficile per chi soffre di problemi mestruali, cisti o fibromi, perché in questi casi l'energia è stagnante ed ha bisogno di più tempo per muoversi. Si invita a portare pazienza e ad essere morbide con se stesse.

(L. Bodley, 2006)

Raccogliere il sangue

I rischi

Gli assorbenti usa e getta ed i tamponi sono stati una grossa liberazione per le donne, rendendo le mestruazioni un evento meno dirompente e scomodo. Purtroppo se ne sta pagando il prezzo, sia da un punto di vista ambientale che salutistico.

Gli assorbenti sono prodotti utilizzando grandi quantità delle preziose risorse forestali sempre meno disponibili: secondo il WEN (Women's Environmental Network) un albero adulto fornisce materiale per soli 500 assorbenti. Oggi gran parte degli alberi provengono dalla silvicoltura, ma anche le monocolture causano non pochi danni ambientali. L'industria degli assorbenti dichiara di non poter utilizzare materiali riciclati perché privi di fibra lunga e quindi di capacità assorbente, presente invece nella pasta di legno vergine. Al giorno d'oggi i prodotti usa e getta non sono la scelta migliore e purtroppo non si fa più uso degli assorbenti di stoffa lavabili.

Inoltre sebbene in molti paesi l'uso industriale della diossina sia vietato, continuano ad essere impiegati un gran numero di agenti chimici e solventi per rimuovere nel prodotto finito le impurità e assicurare un alto livello di assorbenza. La presenza di plastica poi ne rende difficile lo smaltimento. In sintesi, questi assorbenti richiedono molta energia per essere prodotti ed altrettanta per essere smaltiti. La plastica, oltretutto, impedisce alla vagina di "respirare" e quindi, oltre ad irritare la pelle, contribuisce a creare un terreno fertile per eventuali infezioni batteriche. Prima di cominciare ad usare gli assorbenti di cotone adoperavo quelli usa e getta, e alla fine del ciclo la zona vaginale era sempre arrossata e screpolata; dopo questo problema non mi si è mai più presentato. Alcune donne affermano di sanguinare meno quando indossano gli assorbenti di cotone.

Gli assorbenti interni hanno anch'essi alcune controindicazioni: sono oggetti non sterilizzati ad alta capacità assorbente che, insieme al sangue, assorbono anche altri fluidi vaginali, inoltre possono lacerare le pareti vaginali causando un aumento della sofferenza alle donne che lamentano mestruazioni dolorose. Secondo Angier (1999) una vagina sana è il luogo più pulito del corpo. L'utilizzo di tamponi può modificare il ph vaginale e provocare infiammazione pelvica (PID). Gli assorbenti interni vanno assolutamente vietati nei casi di endometriosi e crampi mestruali. La sindrome da shock tossico (TSS), sebbene sia piuttosto rara, ha comunque conseguenze piuttosto gravi e può persino portare

alla morte.
Credo che la funzione energetica e fisiologica del flusso che esce dal corpo sia molto importante, e indossare assorbenti interni può rappresentare un'interferenza con potenziali effetti negativi anche a questo livello.

Le alternative

Il prodotto più sicuro da usare è l'assorbente di cotone riutilizzabile, preferibilmente con cotone di provenienza biologica. Questa scelta implica un grande rispetto per voi stesse e l'ambiente. Ricordo che la prima volta che sentii parlare di questi assorbenti ebbi un brivido di rifiuto; da allora li ho sempre usati senza mai pentirmene, aiutando l'ambiente e risparmiando un bel po' di soldi.
Sebbene la prima reazione a questi assorbenti di stoffa non sia positiva, dopo averli provati qualcosa cambia inevitabilmente: ho sentito raccontare da tante donne che dopo averli adoperati provavano un grande sollievo e cominciavano a vedere le mestruazioni sotto una luce migliore e più positiva. Quelle che hanno una particolare sensibilità per l'ecologia gioiscono in più anche del piacere di non inquinare e di non sovvenzionare qualche multinazionale! Gli assorbenti in stoffa in genere sono prodotti da piccole ditte, spesso gestite da donne, e sono in vendita nei negozi di prodotti biologici o nei centri di alimentazione e terapie naturali.
Alcuni modelli hanno le ali che si agganciano sotto gli slip proprio come i più moderni usa e getta: sono da usare con mutandine comode di cotone. Non avrete rimpianti e non rimarrete mai senza. Una volta usati vanno lasciati in ammollo in acqua fredda. L'acqua pregna di sangue può essere utilizzata per annaffiare le piante perché particolarmente ricca e nutriente! Alla fine del ciclo per lavarli occorrono soltanto dieci minuti, acqua e sapone.
Per i tamponi fatene uso solo quanto è necessario. Se il flusso non è troppo abbondante, esistono anche delle spugne marine da usare come tamponi: dopo l'uso vanno lasciate in ammollo con qualche agente pulente naturale o nell'aceto, poi è sufficiente sciacquare e lasciare seccare al sole fino all'utilizzo successivo.
Un'altra alternativa è la coppetta mestruale, una piccola ampolla di lattice naturale o silicone che viene inserita in vagina per raccogliere il sangue. È estremamente ecologica, l'unica difficoltà che presenta è che quando siete fuori casa, è indispensabile trovare una toilette con il water e il lavandino nella stessa stanza per svuotarla e lavarla prima di

inserirla nuovamente. Se vi piace l'idea vi consiglio comunque di alternarne l'uso con gli assorbenti esterni di cotone; anche la coppetta mestruale non è indicata nei casi di dolori mestruali o debolezza complessiva dell'organismo.
Alcune donne, soprattutto in Asia, hanno dei muscoli pelvici così forti che sono in grado di trattenere il sangue mestruale finché non decidono di andare in bagno e rilasciarlo. Potete provare a sviluppare la muscolatura interna per evitare qualsiasi forma di assorbente. Un buon esercizio è provare a trattenere e rilasciare il pavimento pelvico 100 volte al giorno: una ginnastica che si può fare anche quando si è in fila a fare la spesa! Con questa pratica aumenterà anche la vostra sensibilità sessuale.
Alcune donne combinano l'uso di assorbenti usa e getta con quelli di cotone; se all'inizio non vi sentite a vostro agio ad uscire, provate almeno quando siete a casa. Perché no?

La storia di Madeleine

Madeleine era un'amante degli assorbenti interni ed usava quelli esterni solo durante la notte. Un giorno capitò che il suo giorno libero coincidesse con il primo giorno di mestruazione, in cui solitamente soffriva molto. Aveva letto un articolo in cui si parlava delle mestruazioni in senso positivo e decise di provare a non mettere i tamponi. Nessun dolore. Per essere proprio sicura, il mese successivo ritornò ai tamponi e di nuovo il dolore si ripresentò. Era evidente che l'uso degli assorbenti interni faceva la differenza. Da allora usò sempre assorbenti esterni e non soffrì più.
La sua compagna di appartamento, abituata da sempre ad indossare i tamponi, scoprì che se usava gli assorbenti esterni di cotone anche per lei i dolori mestruali diminuivano fino a scomparire.

Proteggere il seno

I rischi

Il nostro seno cambia dimensioni nel corso di tutto il ciclo; mi accorgo sempre quando ovulo perché improvvisamente sento la presenza del mio seno. È più gonfio e leggermente turgido, il gonfiore tende ad aumentare in prossimità delle mestruazioni e a volte si ammorbidisce. Per alcune donne il seno soffice risulta insopportabile. La medicina cinese lo associa alla condizione del fegato.
Quanto tuttavia la qualità e l'aderenza del reggiseno incide nel benes-

sere del seno?
Gli antropologi medici Sydney Ross Singer e Soma Grismaijer hanno intervistato 4.700 donne in cinque città degli Stati Uniti, scoprendo che l'utilizzo del reggiseno ha un ruolo anche nello sviluppo del tumore alla mammella. Le donne che indossano il reggiseno tutti i giorni per 12 ore o più hanno 19 volte più possibilità di sviluppare il tumore di quelle che lo portano per periodi di tempo inferiori. Quelle che lo indossano sempre, anche di notte, hanno un rischio 113 volte maggiore rispetto alle altre. I ricercatori sostengono che il reggiseno restringe artificialmente la circolazione linfatica, impedendo la naturale eliminazione di tossine dal corpo, che si accumulano invece nel tessuto mammario creando un ambiente favorevole allo sviluppo di diversi problemi di salute, tra cui il tumore al seno (Mc Taggart, 1996). Questi studi sono stati ritenuti controversi e quindi ignorati dal sistema medico, ma la loro validità non è totalmente da escludere.
Qualsiasi indumento che lasci dei segni sulla pelle interferisce con la circolazione causando un indebolimento della funzione epatica. Anche la struttura metallica presente in alcuni reggiseni può costituire un rischio. L'Oms, prima del 1987 e poi ancora del 1993, ha messo in guardia contro gli elementi metallici nelle montature degli occhiali, sostenendo che possono fungere da antenne per i campi elettromagnetici, concentrandoli nella zona degli occhi. Ciò potrebbe valere anche per il reggiseno.
Le alternative
Esistono in commercio dei reggiseno intelligenti che seguono i cambiamenti ciclici del corpo femminile e sono confezionati senza metalli, ganci né elastici pesanti. Se non vi attirano, provate almeno a comprarne alcuni senza il filo metallico e a scegliere modelli che non vi lascino segni sulla pelle. Non potendo farne a meno, evitate di usarli quando lavorate a lungo in vicinanza di computer e di notte! In casa o nei giorni liberi state più comode non indossandolo affatto.

Bagni di luce

Affinché il sistema ormonale funzioni bene, il corpo necessita di luce naturale durante il giorno e di buio la notte. Chi trascorre gran parte del tempo in un ambiente illuminato artificialmente, è probabile avverta la mancanza di luce solare. Anche quando si passeggia all'aperto con gli occhiali, si filtra parte della vitamina A, essenziale per la salute degli occhi.
Tutti gli organismi hanno bisogno di bagni di luce per produrre la vita-

mina D indispensabile per l'assorbimento del calcio. La mancanza di calcio è una delle cause della SPM, quindi qualche ora al sole e una dieta ricca di minerali saranno senz'altro di aiuto. Anche la tensione nella zona lombare e la stitichezza possono essere legate ad una scarsa esposizione alla luce solare: il calcio infatti è fondamentale per un'efficiente peristalsi intestinale.
Quindi seguire una dieta sana, consumare molte verdure, frutta e cereali integrali (senza esagerare con il grano e i derivati della soia) e trascorrere molto tempo alla luce del sole.
Esporsi al sole almeno un'ora al giorno, nelle ore in cui non è ancora troppo caldo e aspettare almeno dieci giorni per notare dei miglioramenti.

I rimedi floreali

I rimedi floreali sviluppati dal dottor Edward Bach sono un ottimo aiuto per riportare nella persona qualità momentaneamente venute meno a causa di situazioni difficili o dolorose, o per sviluppare caratteristiche che, integrate nella personalità, ristabiliscano un buon equilibrio psichico e la conseguente guarigione fisica dei sintomi espressi.
Si tratta di rimedi derivati perlopiù da fiori e alberi che, attraverso un procedimento alchemico che utilizza i quattro elementi della natura (terra, acqua, aria e fuoco), conservano ed esaltano il potere trasformativo e risanatore contenuto al loro interno.
Il funzionamento di questi rimedi è basato sull'interpretazione del sintomo fisico come manifestazione ultima di uno squilibrio spirituale ed energetico, e si rivolge quindi non alla cura del sintomo stesso quanto al riequilibrio della persona in tutti i suoi livelli di esistenza: dallo spirito alla mente, alle emozioni e al corpo fisico.
I fiori di Bach sono di facile assunzione, sicuri, non presentano effetti collaterali né interferiscono con altri tipi di cure mediche né esiste alcun pericolo di sovradosaggio; sono veramente efficaci e alla portata di tutti.
I rimedi floreali si presentano sotto forma di concentrati in flaconcini di vetro scuro con pipetta contagocce. Dopo aver scelto il rimedio o i rimedi floreali che ritenete più adatti a voi si procede come segue: si prende un flaconcino di vetro scuro con contagocce da 30 millilitri, lo si riempie di acqua pura di fonte o acqua minerale, quindi si aggiungono 2 cucchiaini di brandy (che serve per la conservazione). Poi si prelevano dal flaconcino del concentrato 2 gocce per ogni rimedio scelto e

si aggiungono al preparato. A questo punto il rimedio è pronto per la somministrazione.

Esistono tre diversi metodi di somministrazione:

1) metodo concentrato: questa modalità di rapida azione è da preferirsi qualora si richieda una veloce variazione delle condizioni acute in atto. Si assumono due gocce sotto la lingua direttamente dal flaconcino del concentrato;
2) metodo del bicchier d'acqua: si versano in un bicchier d'acqua due gocce di concentrato originale del fiore o dei fiori prescelti. Si beve a piccoli sorsi, nell'arco di pochi minuti. In caso di bisogno si ripete la somministrazione;
3) metodo del flaconcino di diluizione: questo metodo viene consigliato negli stati d'animo passeggeri, emozioni improvvise, spavento, delusioni inattese, attese di esami e di appuntamenti... fino a quando la situazione non si risolve.

Tutti i rimedi si possono combinare tra loro sulla base dello stato negativo fisico e psicologico particolare e generale della persona interessata. Può essere utile o sufficiente un solo rimedio se i sintomi sono netti e univoci, ma comunemente è conveniente cominciare con una combinazione di 3-5 rimedi, assicurandosi così un effetto mirato e sinergico al tempo stesso.

Il tempo di risoluzione può variare da poche ore a periodi di tempo più lunghi. Anche in questo caso affidatevi al vostro sentire, ma durante la cura assumete le gocce con regolarità (4 gocce per 4 volte al giorno o secondo la necessità) fino alla risoluzione del disagio. A volte, se il sintomo è cronico, è necessario continuare per alcuni mesi ripetendo la cura più volte[1].

I fiori di Bach sono 38, ne riporto di seguito alcuni che ritengo siano particolarmente indicati per lo sviluppo e il riequilibrio dell'energia femminile e dei sintomi mestruali.

Cherry Plum (*Prunus cerasus*): indicato per coloro che difficilmente si fidano a lasciarsi andare e temono di perdere il controllo. Dona coraggio, tranquillità e aiuta ad abbandonarsi. È indicato nei casi di amenorrea, frigidità e ogni forma di disagio nel vivere nuovi impulsi.

Crab Apple (Melo selvatico): prezioso rimedio di pulizia e purificazione, quando esistono delle sensazioni di sporcizia e disgusto nei propri

1. Liberamente tratto da "Guarire con i fiori di Bach italiani" di C. e V. Fabroncini, Macro ed.

confronti, vergogna e rilevanza dei difetti fisici o scarsa autostima legata ad idee ossessive. Dona un senso di purezza e ridimensiona i problemi, lavando via i pensieri. Adatto anche in caso di amenorrea o scarsità del ciclo, abusi sessuali (con Pine, Mimulus e Star of Bethlehem) e per detossificare l'organismo dopo terapie farmacologiche e anestesie.

Holly (Agrifoglio): è il fiore dell'amore e del perdono. Di grande aiuto per coloro che hanno difficoltà a perdonare e covano rabbia, rancore o vendetta. Adatto nei casi in cui il cuore è indurito e sfiduciato. Riporta comprensione e tolleranza verso se stessi e gli altri.

Star of Bethlehem (*Ornithogallum umbellatum*): è il rimedio che conforta l'anima e placa il dolore. Indicato nei casi di angoscia e trauma fisico, emotivo o mentale recente o di vecchia data. Riporta forza interiore, chiarezza e vitalità. Nelle situazioni di lutto e separazione, negli abusi sessuali (da associare con Pine e Crab Apple).

Walnut (Noce): è adatto nei momenti di transizione e limbo, per rompere con il vecchio ed entrare nel nuovo. Spezza i legami col passato e l'incertezza o la confusione del cambiamento, ridonando fiducia in se stesse ed energia di rinnovamento. Particolarmente adatto nel climaterio e nella menopausa, e in occasione di cambiamenti (separazioni, lutti, traslochi, pensionamento...).

Wild Rose (Rosa canina): questo fiore è la quintessenza della femminilità. Prezioso alleato per riportare gioia di vivere, fiducia ed entusiasmo; indicato in situazioni di apatia, indifferenza e rassegnazione. Aiuta le donne nel climaterio, nella sindrome post-partum (con Mustard e Olive) e in caso di aborto spontaneo o interruzione di gravidanza (insieme a Pine e Crab Apple).

Rescue Remedy: Il rimedio d'urgenza (in inglese *rescue* significa soccorso - n.d.t.) si chiama così per i suoi effetti calmanti e stabilizzanti nelle emergenze fisiche ed emotive. Si usa più prontamente possibile nei casi di forte stress: un evento casuale come una brutta notizia, un incidente, colpi e cadute, shock da abbandono... è composto da cinque rimedi floreali:
Star of Bethlehem: per superare gli stati di shock e fornire un'energia rassicurante fortemente riarmonizzante;
Rock Rose: fa vincere la paura e il panico, apportando qualità di gran-

de coraggio;
Impatiens: allenta la tensione mentale, lo stress psichico e l'impazienza;
Cherry Plum: aiuta a recuperare il controllo di sé e a riacquistare forza e fiducia nelle proprie capacità;
Clematis: aiuta a tornare completamente nella realtà e nel momento presente.

Il dosaggio è individuale; in casi acuti 4 gocce in un bicchiere d'acqua a sorsi, poi un sorso ogni 15-30 minuti, oppure 2-3 gocce sotto la lingua. Se non si è in grado di bere si può anche strofinare qualche goccia sulle labbra, dietro le orecchie e sui polsi. Per contusioni, abrasioni, distorsioni, articolazioni e muscoli dolenti, lievi scottature, graffiature, punture d'insetti, emorroidi, è consigliabile usare la confezione in crema. Rescue Remedy può essere usato senza problemi più volte nell'arco di più giorni.

Fiori californiani

Recentemente sono stati sviluppati rimedi floreali simili a quelli del dottor Bach in molti luoghi del mondo: Australia, California, Italia, Himalaya e altri. Io personalmente non li conosco tutti, mi attengo a quello che so e se siete interessate potete informarvi e sperimentarli da voi. I rimedi che seguono sono efficacissimi soprattutto per le donne e possono essere mescolati senza problemi con i fiori di Bach.

Hibiscus: incapacità di essere connesse con la propria sessualità femminile; mancanza di ardore e vitalità, dovuta spesso ad un precedente sfruttamento o abuso sessuale; netta separazione della sessualità dai più profondi sentimenti d'amore e di calore che provengono dal cuore: non si è più in grado di essere in contatto con questa parte di sé; profonde ferite nell'animo. Ridona calorosità e sensibilità nella sessualità, integra l'animo con la passione. Aiuta a reclamare la propria sessualità e a rianimare queste energie con vitalità ed autenticità.

Mariposa Lily: estraneamento dalla madre o dall'essere madre dovuto ad abbandono, abuso o trauma subiti nell'infanzia. Mancanza di un rapporto positivo con la madre fin dalla nascita, traumi familiari, divorzi, problemi economici. Ci si sente vuoti e freddi interiormente, non amati o desiderati. Aiuta a sviluppare una coscienza materna; calorosità, femminilità e senso materno; legame madre-figlio, cura del bambino interiore. Aiuta a curare i traumi subiti rendendo consapevoli del passato doloroso. È un rimedio molto importante non solo per i neonati ed i bambini, ma anche per le molte fasi della crescita e per esercitare la maternità o la paternità in modo positivo. Malgrado le ferite dovute agli errori della propria madre, si può imparare a perdonare e guarire. Infonde la possibilità di sentire e accogliere la calda e amorevole presenza della maternità.

Pomegranate: ambiguità e confusione riguardo alla creatività femminile, soprattutto tra i valori del lavoro e della famiglia, tra il valore creativo e procreativo, personale e globale. Incapacità di bilanciare queste possibilità, sentendo le proprie energie confuse e compromesse. Conflitto e disordine interiore. Stimola una creatività femminile positiva, attivamente produttiva e materna in ambito domestico e nel sociale. Allineamento consapevole con l'io femminile creativo, in modo che si possano vedere più chiaramente il proprio destino e le proprie scelte.

Pretty Face: sentirsi orribili e rifiutati a causa del proprio aspetto fisico; identificarsi eccessivamente con il corpo. Ricerca continua dell'identificarsi solo con i modelli di bellezza esteriore, provocando una grave sofferenza a livello spirituale. Porta la bellezza che irradia dall'interno; accettazione di sé in rapporto alle proprie sembianze fisiche. Aiuta coloro che sono nati con malformazioni o con un brutto aspetto fisico; per coloro che, malgrado abbiano un aspetto normale, sentono il bisogno di abbellirlo all'eccesso e di alterarlo (bulimia o anoressia); oppure coloro che non accettano di invecchiare. Aiuta ad essere in contatto con la propria vera luce e radiosità interiori prima di tutto, poiché sono le vere componenti della bellezza.

Quince: incapace di catalizzare o di conciliare i sentimenti di forza e potere con le qualità essenziali dell'io femminile; connessione distorta con l'io maschile interiore. Difficoltà a conciliare la forza dell'amore che si diffonde dal cuore con il potere che si sprigiona dalla forza di volontà dell'essere umano. Mancanza di sintonia con i veri sentimenti del cuore. Riequilibra la forza amorevole femminile con il potere maschile. Insegna ad usare la propria natura amorevole in modo da non compromettere la propria dignità e forza. Aiuta ad apprendere che il potere vero è l'amore e che anche il vero amore conferisce autorità.
(Kaminski e R. Kats, 1997)

Alchemilla

L'alchemilla appartiene alla famiglia delle rose ed è una preziosa risorsa per le donne. Pianta lunare e femminile, chiamata anche "Mantella delle donne" o "Erba di Maria", ristabilisce l'armonia nel corpo e negli equilibri ormonali.
Le sue applicazioni sono numerose: regola efficacemente il flusso, in caso di mestruazioni troppo scarse o troppo abbondanti ed il ciclo nel suo complesso, che sia molto breve o eccessivamente lungo; mitiga i sintomi premestruali quali gonfiore, emicrania, seno dolente; regola gli ormoni nel climaterio migliorando l'umore, rafforzando le ossa e il pavimento pelvico; effettua un'azione antibatterica e antinfiammatoria riducendo le infezioni genitali e vaginali; svolge un'azione preventiva per i tumori femminili e viene infine utilizzata nei casi di sterilità perché stimola il corpo luteo e tonifica la matrice e il collo uterino. Non ultimo, l'alchemilla stimola l'amore e la libido ed è di ausilio alla cura della bellezza della donna.

Preparazione

L'alchemilla può essere assunta in tisana o in tintura madre. Le foglie fresche possono essere usate anche come impacchi su ferite, verruche, eczemi o, in generale per mantenere bellezza e freschezza della pelle. Il dosaggio medio è di due tazze di infuso al giorno per almeno tre cicli lunari o di due volte venti gocce di tintura madre. Essendo però la sua azione molto forte, è meglio iniziare con dosaggi più bassi e aumentare gradualmente. In gravidanza il dosaggio è di 5-10 gocce due volte al giorno.
La foglia umida, passata sulla pelle del viso, la rende pura, soda e bellissima; l'alchemilla esprime così la sua forza venusiana migliorando lo stato globale della donna.
Infine una ricetta per le lavande vaginali (in caso di infezioni o dopo cure antibiotiche per ristabilire l'equilibrio della mucosa): alchemilla e achillea millefoglie in parti uguali (4-5 cucchiai di mistura in 500 ml di acqua bollente). Lasciare in infusione per 20 minuti, filtrare e raffreddare. Aggiungere 2 cucchiai di aceto di mele, 3-5 gocce di olio essenziale di lavanda o geranio. La lavanda vaginale va ripetuta ogni sera per una settimana. (Schmid, 2003).

Le donne sono benedette

Il ciclo mestruale è il nostro strumento per generare e rigenerare la grande possibilità di creare nuova vita. Tutte le donne, indipendentemente dalla loro fertilità o mancata fertilità, hanno l'opportunità mensile di rinnovarsi nel corpo e nello spirito.
Il ciclo mestruale è il sistema di navigazione interiore, l'iniziazione ad una continua rivelazione e ad una profonda saggezza.
I moti del ciclo sono un momento per riprendere fiato, per riallineare i fili del tessuto della tua vita. Sono un improvviso cambio di marcia, una nuvola che passa davanti al sole; una distrazione silenziosa, sottile, che reclama la tua attenzione. Facendoti scivolare in mondi paralleli che hanno una loro particolare logica e prospettiva. Rompendo gli schemi in una sosta forzata che ti salva dall'azione incessante del quotidiano. Ricordandoti di te stessa e rendendoti più sensibile al Mondo che ti circonda.
Le mestruazioni sono il crogiolo in cui forgiare l'autorità interiore; la costante attenzione e accettazione del ciclo coltivano tale autorità. Continuare a negare la vita del corpo finisce per bloccare le donne in un mondo di mezzo: una perpetua adolescenza di spirito, una vita emozionale acerba.
Quanto più rigida, lineare e lontana dal femminile sarà la donna, tanto maggiori saranno i disagi che sperimenterà durante il ciclo.
Imparando a lasciarvi andare all'estrema sensibilità del mondo mestruale sperimenterete l'opportunità di attraversare una straordinaria apertura verso una profonda intimità e svilupperete così una preziosa maturità emotiva; godrete inoltre di un facile accesso alla vostra saggezza e agli stati alterati di coscienza.
Questo è il vostro potere: un potere incarnato, riccamente intessuto tra le trame e gli orditi dell'impegno di ogni donna con il proprio mondo interiore e quello esterno; un potere che emana dalla vostra disponibilità ad accogliervi anche nei momenti di sfida e oscurità, un insieme di cuore e mente, istinto ed intelletto. Il potere deriva soprattutto dalla vostra capacità di lasciarvi andare: solo così potete toccare davvero l'immenso potere del femminile.

Nota finale

Spero che per ognuna di voi questo viaggio nel potere femminile sia stato utile e rigenerante, che possiate godere ora di una forte relazione con voi stesse, più gentile e rispettosa della natura femminile. Adesso siete in grado di manifestare con efficacia il vostro potere nella vita quotidiana, sentendo un collegamento profondo con il Mondo invisibile. A quelle di voi che soffrono di problemi mestruali auguro di sperimentare come la saggezza del ciclo riesce ad alleviare e guarire i sintomi.

Con amore, *Alexandra*

BIBLIOGRAFIA

- Angier, N. (1999), *Woman: an Intimate Geography*. London: Virago.
- Borysenko, J. (1996), *A Woman's Book of Life: The Biology, Psychology and Spirituality of the Feminine Life Cycle.* New York: Riverheads Books.
- Buckley, T. and Gottlieb, A. (eds) (1988) *Blood Magic: the Anthropology of Menstruation.* Berkeley: University of California.
- Crook, W.G.(1986), *The Yeast Connection: A Medical Breakthrough*, New York: Vintage Books.
- Desmaisons, K. (1999), *Potatoes Not Prozac.* New York: Simon and Schuster.
- Grahn, J.(1993), *Blood, Bread and Roses, How Menstruation Created The World*, Boston: Beacon Press Books.
- Greer, G. (1999), *The Whole Woman*, London: Doubleday.
- Hall, N. (1980), *The Moon and The Virgin*. New York, Harper & Row.
- Hartmann, E. (1967), *The Biology of Dreaming*. Boston: Charles C. Thomas.
- Hillman, J. and Ventura, M. (1992), *We've Had 100 Years of Psychotherapy and the World's Getting Worse*, New York: Harper Collins. Trad. it. *Cent'anni di psicanalisi. E non è cambiato niente.* Milano: Rizzoli.
- Kaminski, P. e Kats, R., (1997) *Le essenze floreali californiane e gli oli floreali*, Torino: ed. Natur.
- Kenton, S. and L, (1984), *Raw Energy*, London: Vermilion.
- Leviton, R. "*Rossi Rhythm: the Rhythms of Life*", Wellbeing Magazine, No. 62, December 1995.
- Leyden-Rubenstein, L.A. (1998), *The Stress Management Handbook: Strategies for Health and Inner Peace.* New Canaan: Keats Publishing Inc.
- McTaggart, L., *What Doctors don't Tell You*, Vol. 7 No.1, 1996.
- Naish, F. (1993), *Natural Fertility: the Complete Guide to Avoiding or Achieving Conception.* Burra Creek: Sally Milner Publishing.
- Owen, L. (1993), *Her Blood is Gold*. San Francisco: Harper and Collins.
- Owen, L. "*The Sabbath of Women*", Whole Earth Review, Summer 1991.

- OWEN, L. (1998), *Honouring Menstruation: A Time of Self Renewal.* California: The Crossing Press.
- PINKOLA ESTES, C. (1992), *Women Who Run with the Wolves.* London: Rider. Trad. it. *Donne che corrono con i Lupi*, Milano: Frassinelli.
- PITCHFORD, P. (1993), *Healing With Whole Foods*, Berkeley: North Atlantic Press.
- POPE, A. *"The Hidden Hazards of Menstrual Hygiene"* Australian Wellbeing Magazine, 1995 Annual (Collector's Edition), No. 58.
- ROBBINS, T. (1980), *Still life with Woodpecker*, Toronto: Bantam.
- SARDELLO, R. (1995), *Love and the Soul: Creating a Future for Earth*, New York: Harper Collins.
- SAUL, J.R. (1997), *The Unconscious Civilisation*, Ringwood: Penguin.
- SCHMID, V., *Alchemilla, l'erba magica delle donne,* D&D, dicembre 2003, N.43, Firenze.
- SHUTTLE, P. AND REDGROVE, P. (1986), *The Wise Wound*. London: Paladin.
- SHUTTLE, P. AND REDGROVE, P. (1986), *Alchemy for Women: Personal Transformation Through Dreams and The Female Cycle*. London: Rider.
- SIEGEL, B. (1998), *Love, Medicine and Miracles*, London: Arrow Books. trad. it.: Amore, Medicina e Miracoli. Milano: Sperling & Kupfer.
- SLAYTON, T. (1990), *Reclaiming the Menstrual Matrix: Evolving Feminine Wisdom*. Santa Rosa: Menstrual Health Foundation.
- Sydney Morning Herald, *The Good Weekend*, 31 July 1999.
- Sydney Morning Herald, 29 October 1999.
- TACEY, D. (1999), *Remaking Men: The Revolution in Masculinity*. Ringwood: Penguin Australia.
- TACEY, D. (1999), *Soul of Australia and the Republic Forum*. Sydney.
- WALKER, B. (1983), *The Woman's Enciclopedia of Myths and Secrets*, New York: Harper Collins.
- WEED, S. (1992), *Menopausal Years: the Wise Woman Way*, Alternative Approaches for Women 30-90. Woodstock: Ash Tree Publishing.
- WEED, S. (1989), *Healing Wise*, Woodstock: Ash Press tree.
- WEILL, A. (1995), *Spontaneous Healing*, New York: Ballantine Books.

APPENDICE

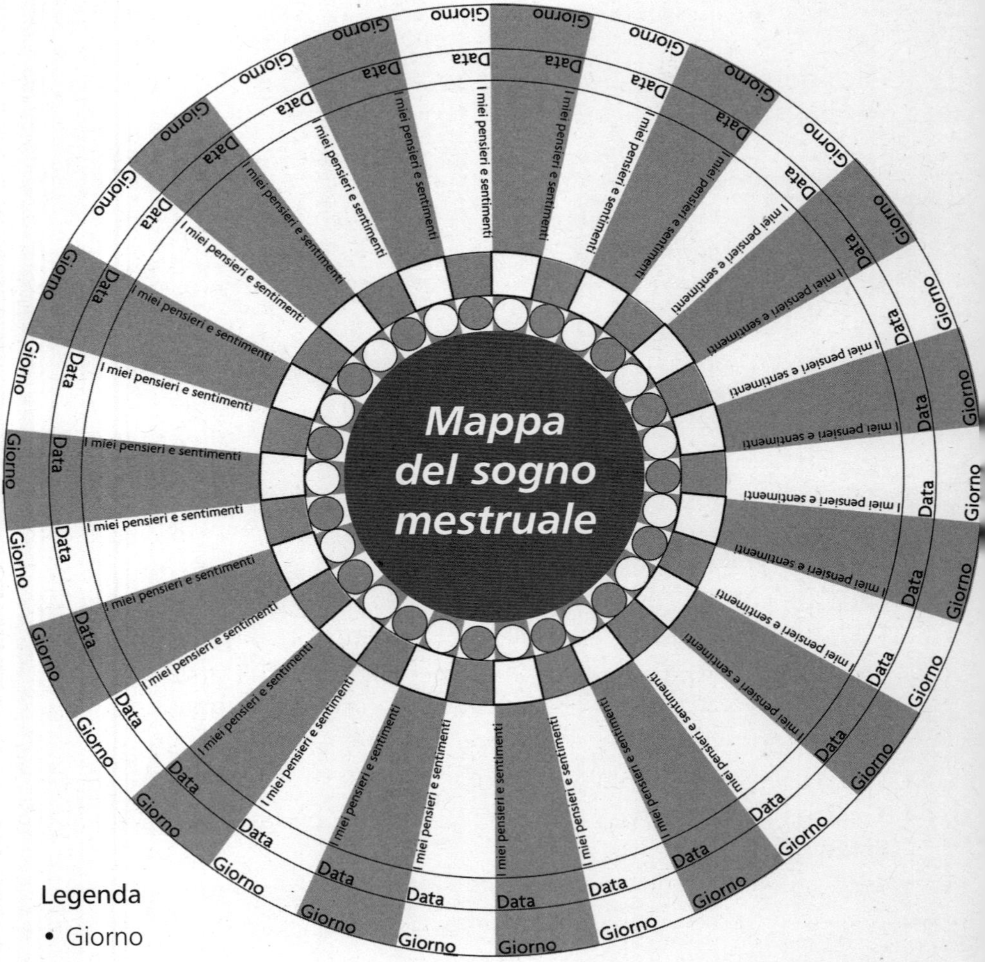

Legenda

- Giorno
- Data
- Pensieri e sentimenti
- Zodiaco (segno zodiacale attraversato dalla luna in quel giorno)
- Fase lunare

Nota: È preferibile ingrandire e fotocopiare in formato A3.

Calendario del ciclo mestruale

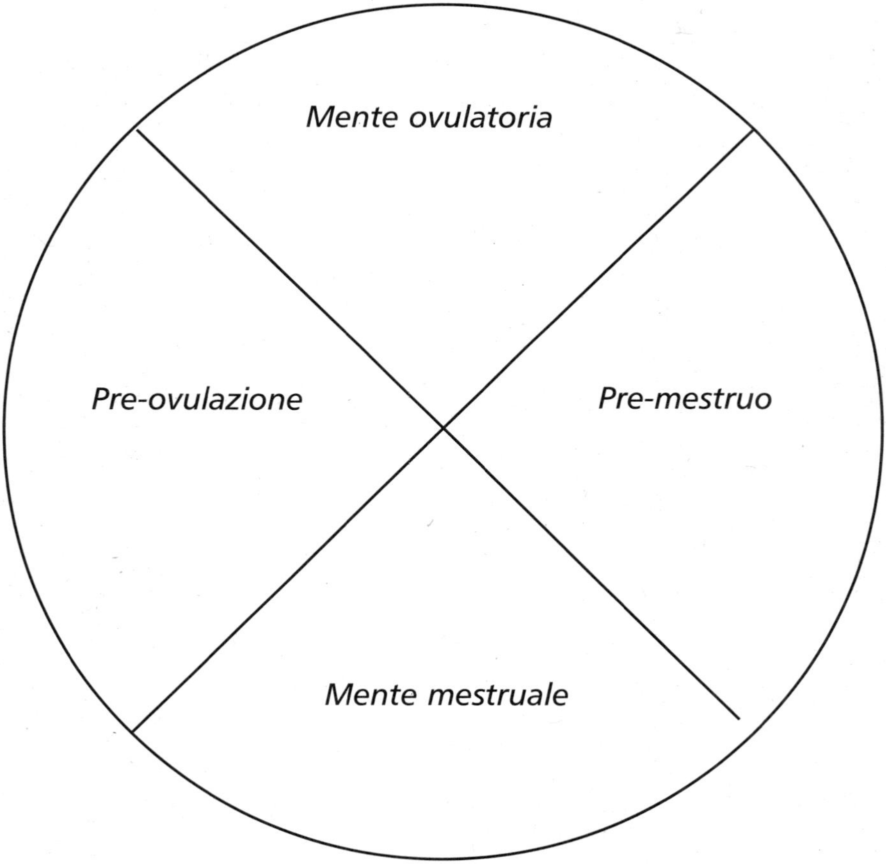

INDICE

Puoi consultare il catalogo completo e ordinare i nostri libri anche su www.terranuovalibri.it

VITA LUNGA E IN SALUTE

Ricette e consigli per una dieta naturale nella terza età

di M. Trevisan e L. Busato
Formato: cm 19 x 19
Pagg. 120 • € 14,00

BABY VEGAN CHEF

La cucina allegra con i bambini

di Licia Calia
Formato: cm 19,5 x 23
Pagg. 120 - € 13,50

DIFENDERE L'ORTO CON I RIMEDI NATURALI

Fitosanitari, macerati, trappole e altre soluzioni bio per coltivare senza veleni

di Francesco Beldì
Formato: 14,5 x 21 cm
Pagg. 120 • € 13

BIOBALCONE

Coltivare ortaggi e aromi con il metodo biologico e la permacultura

di Francesco Beldì
Formato: cm 15 x 21
Pagg. 112 • € 12,00

ABBASSO L'INDICE GLICEMICO

70 ricette per contenere l'IG mangiando bene
Con splendide foto a colori

di Raffella Fenoglio
Formato: cm 19,5 x 23
Pagg. 120 • € 13,50

TRE ALBERI PER BRUNO

di Maria Theresia Rössler, Illustrazioni di Brunella Baldi
Formato: cm 25 x 21,5
Pagg. 32 • € 13,00

IL LUPO VEGETARIANO E I 7 CAPRETTI

Rivisitazione animalista della favola dei Fratelli Grimm

di Francesca Pirrone
Formato: cm 22,5 x 21
Pagg. 32 • € 12,00

SONO ARRABBIATO

Gestire la rabbia seguendo gli insegnamenti di Thich Nhat Hanh

di Gail Silver
Illustrazioni di Christiane Krömer
Formato: cm 21,5 x 28
Pagg. 40 • € 14,00

Lo sconto del 15% per gli abbonati viene applicato solo per gli ordini effettuati presso la redazione di Terra Nuova telefonicamente o dal sito www.terranuovalibri.it (previa abilitazione)